空

スタディーズ

Studies
Buddhism

梶山雄一
Kajiyama Yuichi

春秋社

スタディーズ 空　目次

スタディーズ　空

プロローグ

本書は龍樹《りゅうじゅ》（ナーガールジュナ。一五〇―二五〇ころ）を中心にして空《くう》の思想を解説したものです。龍樹を中心としてはおりますが、龍樹の空の思想の淵源としての釈迦牟尼《しゃかむに》仏《ぶつ》（ゴータマ・ブッダ）の思想にも第一章で簡潔に触れました。私には龍樹は釈迦牟尼の思想を前提としてその思索を発展させたと思えるからです。龍樹が絶えず批判した説《せつ》一切有部《いっさいうぶ》の「有《う》の形而上学」は、龍樹の思想を理解するためにはどうしても必要でありますから、この小乗学派の哲学の骨子、いいかえればその考え方をも第二章で簡単に説明いたしました。さらに、龍樹の思想の直接の前提となった般若経《はんにゃきょう》についても第三章で触れました。第四章以下は龍樹の宗教の基本的立場とその論理・思想の解説にあてました。ただ、龍樹の縁起《えんぎ》と輪廻《りんね》の思想の理解に役立つかぎりにおいて、仏教の他学派における縁起と輪廻の考え方を第六章に挿入いたしました。説一切有部や龍樹の思想は仏教のなかでももっとも高度の哲学でありますから、基本的に難解なものであります。それをできるだけ分かりやすく書いてみようというのがこの本の目的でありました。実際に分かりやすく書けたかどうか、それは読者の判断にまかせるよりしかたありません。

中観派

空の思想は龍樹に限られるものではありません。龍樹の思想を受け継いだ人々はおのずから中観派《ちゅうがんは》と呼ばれる学派を形成しました。この学派に拠って数多くの学僧がインドでもチベットでも、中国・日本でも活躍し、無数の書物を書き残してきました。また、中観派は六世紀以降に自立論証派（スヴァータントリカ）と帰謬《きびゅう》論証派（プラーサンギカ）とに分かれ相互に批判しあっただけでなく、インド大乗仏教のもうひとつの強力な学派である瑜伽《ゆが》行唯識派《ぎょうゆいしきは》と論争を続けました。八世紀の末になりますと、シャーンタラクシタ（寂護《じゃくご》）が説一切有部・経量部《きょうりょうぶ》・唯識派の思想を、最高の真理としての中観に到達するための諸段階と考える、いわば一種の総合学派を形成しました。チベットでは十四世紀にツォンカパという偉大な思想家が現われて空の思想を解明しました。極東では、五世紀初頭にクマーラジーヴァ（鳩摩羅什《くまらじゅう》）やその弟子である僧肇《そうじょう》などによって、空の思想は中国を風靡しました。その学派（三論宗《さんろんしゅう》および四論宗《しろんしゅう》）は日本の仏教に大きな影響を与え続けました。龍樹は「八宗の祖」とも呼ばれるように、その思想は多彩に発展した仏教の諸学派の思想の根底に横たわっているのです。そのような中観派とそれに影響された仏教の歴史を語ることは、それがきわめて重要なことであるにしても、この小さな書物では不可能なことです。この本では龍樹によって空の思想を代表させて、龍樹以後の発展はいっさい省略いたしました。

分別と無分別

空の思想に限らず、およそ仏教を理解するためのキーワードの一つは「分別《ふんべつ》」、そしてその否定形である「無分別」ということばでしょう。分別ということばはだれでも知っています。ただ厄介なことには、私たちが世間で使うときのこのことばと、仏教語としての分別とでは、その意義がまったく逆になっているのです。女と駆け落ちでもしようとする男がいれば、「無分別なことをするな」といさめます。ぐうたら息子に向かって親父さんは「お前もいい齢をして、分別をもて」と叱ります。そういうときには私たちはこのことばを「世事に関して、常識的な慎重な考慮・判断をすること、またその能力」（岩波『国語辞典』）という意味で使っているわけです。しかし、仏教で出世間《しゅっせけん》的な、さとりの境涯をさして「無分別」というときには、そのような世間的な考慮や判断を超えた立場を意味しているのです。つまり、仏教では、例外はあるにしても、一般には分別とは否定されねばならない、そして私たちの迷いの生存の根源悪としての思慮・判断をさしているわけです。

例外といいましたのは、龍樹が批判してやまなかった小乗仏教の説一切有部（倶舎《くしゃ》宗《しゅう》）という学派では、分別ということばを知覚判断（自性《じしょう》分別）・思惟（計度《けたく》分別）・記憶（随念《ずいねん》分別）の三種の意味で使っています。ここでは分別は、純粋な直観を除いて、人間の判断・思惟のまじった認識を意味しています。だから、この説一切有部の分別という語の用法には、私たちが世間で使う分別の意味に通じるものがあるわけです。しかし、この説一切有部の思想は、釈迦牟尼の思想や大乗仏教から見れば、例外的なものであります。

面白いことに、五世紀初頭に龍樹の『中論《ちゅうろん》』を漢訳しましたクマーラジーヴァは、第一八章第五詩節に出るこの分別（ヴィカルパ）という語を「非実」と訳しています。彼はこの詩節を「業と煩悩と滅するが故に、之を名づけて解脱と為す。業と煩悩とは実に非ず。空に入れば戯論滅す」と訳しました。本書の第四章にも出しましたこの詩節の拙訳は「行為と煩悩が尽きることから解脱がある。行為と煩悩は計らい（分別）から生じる。それら〔の計らい〕は多様〔な思い〕による。そして多様〔な思い〕は空性において滅せられる」であります。このクマーラジーヴァの「非実」が分別という語の意訳であって、彼の誤訳でもなく、また彼の見たテキストに異同があったわけでもないことは、この詩節にたいする注釈を訳すときには彼は「この諸煩悩は憶想分別より生じ、実あることなし」としていることから知られます。クマーラジーヴァが分別を「非実」と訳したのは、この語の世間的な意味との混同を避けようとした配慮からであることが分かります。

多様な思い

この『中論』第一八章第五詩節には、分別という語のほかに「戯論《けろん》」（多様な思い）という重要な語も出てまいります。本書の第六章に、仏教最古の経典、したがって釈迦牟尼の金口《こんく》をそのまま伝えている可能性のもっとも大きい経典である『スッタニパータ』（『経集』）の第八七四詩を引用しています。この詩は私たちのもろもろの煩悩の究極的な原因を「ひろがりの意識」（パーリ語でパパンチャ、サンスクリット語でプラパンチャ）に求め、その「ひろがりの意識」は「想い」（「想《そう》」。パーリ語でサンニャー、サンスクリット語でサンジュニャー）によって起こる、といっているのです。「ひろがりの意識」は中村元氏の訳ですが、K・R・ノーマン氏は diversification（多様化）と訳し、拙訳では「多様さ」「多様な思い」となっています。いずれにしても、多様な概念の発展を表わすことばであります。それが「想い」（知覚判断、表象）と結び付けられるのは、「想い」とは表象、つまり、事物についてのイメージと概念の総合であるからであります。

『中論』第一八章第五詩節は、煩悩とそれにもとづく行為とは計らい（分別）によって起こり、計らいは多様な思いにもとづく、といっているのですから、この龍樹の思想が『スッタニパータ』第八七四詩と呼応するものであることは疑えません。その「多様な思い」はあらゆるものに実体がない、いいかえれば、あらゆる事物が空であり、私たちの表象がすべて虚妄であることを理解すれば、消え去る。それが解脱への道である、と龍樹はいっているのです。

主観と客観の分岐

龍樹の系統である中観派と並ぶ大乗の他の学派、瑜伽行唯識派では、私たちの汚染された存在の根源である認識、最下層にある潜在意識を「虚妄分別《こもうふんべつ》」と呼びます。これはいわゆるアーラヤ識（阿頼耶《あらや》識）と同じものです。このアーラヤ識が展開し、多様化するときに主観（能取《のうしゅ》）と客観（所取《しょしゅ》）とに分岐し、その分岐が私たちの自我意識（染汚《ぜんま》意《い》）や通常の思惟である意識、さらに眼・耳・鼻・舌・身による五種の知覚判断を生じる、といいます。外界の対象の存在を否定する唯識思想では、この主観・客観の分岐によって展開される私たちの虚妄な認識——自我・衆生・表象とその対象など——がじつは世界にほかなりません。アーラヤ識のなかに潜在する主観・客観の分岐とは「分別」にほかなりません。

「分別」という漢訳はサンスクリット語のヴィカルパによく見合った訳語であるといえます。分別とは「分けること」であります。ヴィカルパも分岐・選言肢などの意味をもちますから、まさに分別であります。ヴィカルパにもっとも近い現代語を求めれば、それは「判断」であります。私たちの判断は主辞と賓辞と繋辞という、少なくとも三個の名辞を必要とします。判断の集合である思惟は多数の概念を必要とします。ですから、判断や思惟は多様な思い、多様な概念にもとづく、という釈迦牟尼や龍樹の言い方は認識の分析としても当を得たものということができます。また判断が対象とそれを把握する知識、つまり客観と主観の分岐を前提とすることもたしかであります。

分別を超えた境涯

私たちの分別が汚れた煩悩と迷える行為の根源である、ということを理解することは容易ではないでしょう。私はこの本の第四章で、私にできるかぎり平易に、その過程を説明してみました。分別を否定し、分別を超えた境涯をめざす仏教は、解脱とかさとりの世界を概念を離れた純粋な直観の世界としていることが分かります。仏陀の法身《ほっしん》の世界とは言語を超越した寂静の境地であります。月の光そのものと一体となった境地をことばで語ることはできないでしょうが、この本は月をさす指であることを願って書かれたものであります。

第一章　ブッダの空思想

「空」（サンスクリット語＝S・シューニヤター、パーリ語＝P・スンニャター）の思想といいますと、大乗仏教、とくに般若経《はんにゃきょう》や龍樹《りゅうじゅ》によって強調されたものである、と一般には考えられているのですが、じつは、『スッタニパータ』や『サンユッタ・ニカーヤ』の「有偈篇《うげへん》」などのもっとも古い原始経典《げんしきょうてん》のなかにも、空の思想は現われます。したがって、それはゴータマ・ブッダ（釈迦牟尼仏《しゃかむにぶつ》）の思想の重要な部分をなしていた、と考えてさしつかえありません。

　般若経の編纂者たちにしても、龍樹にしても、ゴータマ・ブッダの滅後、時とともにその教えがいわゆる小乗仏教によって過剰に解釈されたり、はては歪曲されてきたのを正し、もう一度ブッダの真意を回復しようという意図のもとに大乗運動を展開し、空の思想をその改革の中心に据えたわけですから、彼らは空思想がブッダの基本的な教義であると思っていたに違いありません。

そこでこの第一章では、原始経典のなかにブッダの空思想を探り、そのブッダの思想がなぜ仏弟子たちの仏教教義の理論化、体系化とともに実在論的に理解されていったのか、そして、大乗仏教徒たちがいかにして空の思想をふたたび見出すにいたるのか、という問題の前提としてみたいと思います。

一　無常・無我・空

無常と無我

「あらゆるものは無常である」ということが、ブッダの教えの基本であったことは、誰もが認めていることです。無常ということは、すべてのものが移り変わり、消滅してしまうということですが、なぜものは移り変わり、消滅するのかといえば、すべてのもののなかに永遠に自己同一性を保ち続ける本質とか、実体とかいうものがないからであります。

いいかえれば、ものが無常であるということは、ものが不変・不滅の実体をもたないということであります。そして空とはじつは、ものがからっぽであるとか、存在しないということではなくて、ものが不変・不滅の実体あるいは本質をもたない、ということですから、無常ということは必然的に空ということにつらなるはずであります。

実体というものは、内的な実体と外的な実体とに分けることができます。内的な実体とは個人の霊魂であり、外的な実体とは物質的個体の本質というものでしょう。私たちが日本語で「霊魂」というとき、この概念ははなはだ曖昧で、厳密に定義されていませんので、やはり仏教でいう「自我」（我　S・アートマン、P・アッタン）ということばを使うことにいたします。自我というのは、私たちの個体存在の中核となっている、不変・不滅の精神的実体であるといってよいでしょう。

これは後代の解釈ですが、自我は常・一・主・宰と定義されています。自我は常住すなわち不滅で、単一にして不変の実体であり、人格の中心的所有者であり、支配者であるという意味です（もっとも第三、第四は主宰と一つにまとめて読むべきだという意見もあります)。心(意識)というものは、つねに変化し、生じてはただちに滅する瞬間の流れでありますから、自我というものとはまったく違ったものです。自我は変化せずに永続する実体であるからです。

しかし、ブッダはそのような自我は私たちのなかに存在しないと教えたのです。ブッダの当時のインドでは、唯物論者や快楽主義者は例外として、バラモン教の伝統を継いだウパニシャッドの哲人たちも、またバラモン教に批判的であった自由思想家である沙《しゃ》門《もん》(出家遊行者)たちの多くの者も、人格の主体としての実体である自我の存在を信じていましたから、ブッダの自我否定の思想はきわめて独特のものでありました。

我とは何か

もっとも、「我」ということばは多義的でありますので、最初期の原始経典のなかでこの語がどういう意味で使われているのか、判然としないこともあります。我という語はさきに述べたような形而上学的な精神的実体(霊魂)という意味でも使われますが、また自分・自己・保身の意味にもなり、私(君・彼)自身などを意味して、代名詞のように使われることもあります。さらに、本質・実体という意味も担っています。

原始仏典によく現われるアナッターという語も、「我ならざるもの・非我《ひが》」の意味にも取れ、「我のないこと・無我《むが》」の意味にもなり、また内的・外的な事物の本質・実体の無存在という意味にもなります。そのために、経典に現われるこの語の厳密な意味をめぐって、学者のあいだに論議が交わされることになります。

たとえば、『スッタニパータ』の第七五六―七五七偈はつぎのようにいいます。


見よ、神々ならびに世人は、我ならざるものに我ありと考え、名称と形態に執着している。彼らは「これこそ真理である」と考えている。

彼らがあるものをある仕方で考えても、それはそれとは異なったものとわかってくる。なんとなれば、その〔考え〕はそのものにとって虚妄であるから。過ぎ去るものは虚妄の性質をもつ。


ここで「我ならざるものに我あり」という句は、自我でないものを自我と見る、という意味であって、かならずしも自我そのものの存在を否定しているのではない、という議論も成り立ちます。かといって、この句が真に自我であるものにおいて自我を見ることを主張している、いいかえれば、形而上学的な自我の存在を主張している、と考えることも不可能でしょう。ブッダは、他の学派や宗教のようには、いかなる場所でも、形而上学的な実体としての自我を積極的に定義したり、その存在を主張したりしてはいないからです。

名称と形態

最初期の仏教経典のなかで、ことばが厳密に定義されていなかったために、種々な解釈を産んだということは、なにも我という語についてだけ生じた現象ではありません。上の詩のなかで、「我ならざるものに我ありと考え」という句の直後に現われる「名称と形態に執着している」という句も、じつはかなり難解なのです。

「名称と形態(ナーマ・ルーパ　名色)」ということばは、ウパニシャッド以来、名前と形をもつもの、すなわち、現象世界の事物を総称する呼称であり、また名と形をもつ個物を意味することばでもありました。仏教はこの語を受け入れたのですが、名称を精神的な表象、形態を身体の意味にも解釈したようです（『スッタニパータ』には「名称と身体　ナーマ・カーヤ」ということばも現われます）。

さらに後代のアビダルマ仏教では、名称と形態は五蘊《ごうん》（有情の個体存在を構成する五要素である色《しき》・受《じゅ》・想《そう》・行《ぎょう》・識《しき》）であると理解されるようになりました。そのさい、名称は感受（受）・表象（想）・意欲（行）・識別作用（識）にあたり、形態は物質的存在である身体（色）に相当します。

こういうわけで、上の詩のなかの「名称と形態」とは現象一般のなかでの個物のことなのか、あるいは、私なら私の個人としての身心のことなのかはっきりとしません。外界の個体存在に執着する、ということと、特定の個人の身心に執着するというのとでは、かなり大きな意味の違いが出てくるわけです。

「名称と形態に執着する」という句が、ある個人の身心に執着する、ということならば、この句の前にあった、我ならざるものに我ありと考える、ということの一つの例証として、身心への執着をあげたことになるでしょう。

しかし、外界にある個物に執着するな、ということであれば、さきにも申しましたように、我という語には本質とか実体という意味もありますから、この句は外界の事物に実体があるとする執着を批判する趣意のもの、もっといえば、事物は空である、という意味のものとなるわけです。

この後者と解釈する余地も十分にあるのです。つぎの詩に出てくる、あるものをこうだと考えても、すぐにそれはそうではないと分かる、という言い方はあらゆるものに実体がないから、それをどのように定義してもすぐに虚妄となる、という意味になりますし、結局は、すべてのものは空である、と言っているのだと解釈できるからです。

『ダンマパダ（法句経《ほっくきょう》）』の第二二一偈は「怒りを捨てよ、慢心を除き去れ、すべての束縛を超えよ。名称と形態あるものに執着せず、無一物の人には、もろもろの苦しみ襲うことなし」（藤田宏達氏訳）といいますが、訳者もいうように、ここでは名称と形態という語は現象界のすべての事物を意味しているように思われます。『ダンマパダ』は『スッタニパータ』ほど古い経典ではありませんが、やはり最初期の経典の一つで、『スッタニパータ』と同じ意味で多くの用語を用いているとも考えられますから、後者に現われる「名称と形態」を事物一般の意味に解することも十分に可能なのです。

二　忘れられた空思想

原始経典のなかの空

最初期の経典の解釈にはいろいろと難しいことがある、という話をしてきたのですが、このことは小乗仏教徒がブッダのことばを厳密に定義し、理論体系を構築していったさいに、時としてブッダの真意を逸れた過剰な解釈に陥ってしまった、ということと関係してきます。

つねに良く気をつけ、世界を空なりと観よ。自我ありとする見解をうち破って、かく死を乗り超えることができよう。このように世界を観る人を死の王は見はしない。(『スッタニパータ』一一一九)

この詩では「空なりと（スンニャトー）」ということばが明らかに見られます。世界と訳した語（ローカ）は「世人」をも意味しますが、そうであれば、「世人を空なりと観よ。自我ありとする見解をうち破って……」と続きますから、無我と空とが『スッタニパータ』という古い経典で同義に用いられているということができます。しかし、ここは、すなおに「世界を空なりと観よ」と訳しておけばよいでしょう。
『スッタニパータ』のなかでポーサーラという学生がブッダにこう質問をしています。

物質的なかたち（ルーパ）の想い（サンニャー）を離れ、身体をすっかり捨て去り、内にも外にも「なにものも存在しない」と観ずる人の智を、わたくしはおたずねするのです。シャカ族の方よ。そのような人はさらにどのように導かれねばなりませんか？（一一一三）

これはブッダ自身のことばではありませんが、この学生の質問には、あらゆるものの空を観る人こそが如来《にょらい》である、という思想がはっきりと現われています。

『ダンマパダ』第二七九偈をはじめ多くの経典に出る句に、

すべての事物は我ならざるものなり（すべての事物は我をもたない）

というのがあります。漢訳では「諸法無我《しょほうむが》」と訳しています。仏教であることの三つの目印（三法印《さんぼういん》）ということが後代にいわれますが、それは諸行無常《しょぎょうむじょう》・諸法無我・涅槃《ねはん》寂静《じゃくじょう》のことです。この漢訳で諸法無我というときの無我とは実体のないこと、いいかえれば空ということです。

もっとも経典の原意は「(自)我ならざるもの」であって、かならずしも無実体とか空を意味してはいなかった、という議論も成り立ちますが、直前に見たように、『スッタニパータ』の最古層に属する第一一一九偈でも「世界を空なりと観る」ことと「自我ありとする見解をうち破る」ことが並んで出てくることを見ますと、無我と空との同意性は仏教の最初期からあったともいえるわけです。

いちじく（無花樹）の木々のなかに花を探しても〔得られない〕ように、諸々の生存のうちに堅固なもの（サーラ）を見出さない修行者は、この世とかの世とをと

もに捨て去る。蛇が脱皮して旧い皮を捨て去るように。（『スッタニパータ』五）

「堅固なもの」とは核・本質などの意味ですから、実体というに等しいわけです。「生存」というのはバヴァという語で、われわれの生き方、生存のあり方を意味していますが、その生存に堅固なものがない、ということは、それが空である、といいかえることができます。

ことばへの不信

のちに龍樹の思想を扱うさいに詳しく申しますが、空の思想はことばへの不信と密接に結び付いています。一般にわれわれが言うものの本質とは、じつはそのものの名称でありますから、本質・実体の否定は名称の実体視を否定することと同じになるからです。

ところが、中村元博士が早くから指摘されましたように、このことばへの不信は原始経典のなかでも最古層に属する『サンユッタ・ニカーヤ』の第一集「詩句をともなった集（有偈篇）」にすでに現われています。

名称で表現されるもののみを心の中に考えている人々は、名称で表現されるものの上にのみ立脚している。名称で表現されるもの〔が偽りであると〕完全に理解しないならば、彼らは死の支配束縛に陥る。

しかし名称で表現されるものを完全に理解して、名称で表現をなす主体があると考えないならば、その人には死の支配束縛は存在しない。その人を汚して瑕瑾となるもの（煩悩《ぼんのう》）は、もはやその人には存在しない。（『サンユッタ・ニカーヤ』I, 2. 10. 18, Vol. I, p. 11）

このようなことばの否定が、原始経典のきわめて古い層に現われることは、驚くべきことであります。そして、それはゴータマ・ブッダにおいて空の思想がすでに確立されていたことを示している、と私には思われます。

すべては空

色（いろかたち、物質的存在）・受（感受）・想（表象）・行（形成作用、意欲行為）・識（識別作用）ということばは、原始経典の最古層では、断片的に、また他のことばと並んで出てまいりますが、この五つの語が人の身心の要素としてひとまとめにされて、五《ご》蘊《うん》（パンチャ・カンダー）あるいは五取蘊《ごしゅうん》（パンチャ・ウパーダーナッカンダー）と呼ばれるようになったのは、仏弟子たちによってブッダの教えの教義的体系化が行なわれるようになってからのことでしょう。といってもそれは紀元前二世紀ころのことでしょうが。人の個体存在は身体と精神からなりますが、身体を色と呼び、精神を受・想・行・識の四種で表わしたわけです。この五蘊のすべてが空である、という表現は『サンユッタ・ニカーヤ』XXII, 95. 15（Vol. III, pp. 142-143）にあります。

いろかたちは泡粒のごとくである。感受は水泡のごとくである。表象は陽炎のごとくである。意欲・行為は芭蕉のごとく〔中空〕である。識別作用は幻のごとくである。と日の御子（ブッダ）は説かれた。瞑想するにしたがって、それ（心身）を正しく考察するならば、〔それは〕実体なく（リッタカ）、空虚（トゥッチャカ）である。

五蘊は初めはわれわれの身心を表わしたのですが、やがて、すべてのものを総括する範疇となりました。ですから、その意味では、五蘊が空である、ということはすべてのものが空である、ということになります。

空を疎んじる比丘

以上に述べてきたことから、最初期の仏教、いいかえればゴータマ・ブッダの教えにおいては、すべてのものは空である、という思想があったと結論してよいと思われます。けれども、この空の思想がブッダの滅後、時とともに忘れられるようになりました。

比丘たちが次第に空の教えを疎んじるようになった事情は、中村元博士がかつて指摘された『サンユッタ・ニカーヤ』の散文部分に書かれています。

じつに、比丘たちよ、未来世において比丘たちは、このようになるであろう。如来の説かれたそれらの経典は深遠であり、意味深く、世間を超え、空性《くうしょう》に属する〔スンニャターパティサンユッタ〕ものである。それらが説かれているときに〔比丘たちは〕よく聞かないであろう。耳を傾けず、さとろうとする心を起こさないであろう。彼らは〔その〕教えを受持すべきものであり、熟達すべきものであると思わないであろう。(『サンユッタ・ニカーヤ』XX, 7. 4-5, Vol. II, p. 267)

これは未来においてこうなるであろう、という予言のような形で書いてありますが、もとよりそれは、その事実の兆候が現われてきたころに書かれたに違いありません。これはたいへん驚くべき、そして正直な記述だと私には思えます。

それでは、なぜ空の教えが疎んじられ、かわりに有《う》の形而上学が成立してくるようになったのか、を考えてみましょう。ただし、これからは、主として説一切有部《せついっさいうぶ》という西北インドで栄えた小乗仏教の学派を中心に考えてまいります。

第二章　有の形而上学

一　実在のカテゴリー

有為と無為

原始経典のなかには「五蘊《ごうん》がすべてである。五蘊は無常である。五蘊は苦である。五蘊は無我である」という言い方がよく出てまいります。われわれの身心およびその環境を構成しているもの、つまり、五蘊はつねに移り変わる無常なものであり、その無常なものにたいして、いつまでも変わらずにあれ、と執着することから苦が生じ、そのように変化する身心のなかに自我という不変・恒常な実体があるはずはない、という趣意であります。

この場合、五蘊は、無常なもの、いいかえれば、原因・条件によって作られたもの、術語でいえば、有為《うい》なるもの、の意味で使われておりました。しかし、経典のなかで「有為」という語が現われたときには当然「無為《むい》」、すなわち、作られたのでない、不変・常住なもの、という語も考えられていたに違いありません。有為・無為というのは相対的な対立語でありますから、その一つが単独に使われるわけはないからです。だから、五蘊は有為である、というようにいわれたときには、五蘊以外の無為なるものがある、とされていたはずです。

「作られたもの」と「あらゆるもの」

もう二十年も前のことになりますが、私は桜部建博士にものを教えられて、たいへん感銘したことがあります。それはアーガマ、すなわち原始経典のなかで、すでに三法印《さんぼういん》（諸行無常《しょぎょうむじょう》・諸法無我《しょほうむが》・涅槃寂静《ねはんじゃくじょう》）のなかの二句である「諸行無常」と「諸法無我」とに、厳密な区別がつけられていた、ということでした。いいかえれば、諸行無常とはいうが、諸法無常とはけっしていわない、ということです。

諸行の行（S・サンスカーラ、P・サンカーラ）とは「作られたもの」を意味します。これは五蘊のなかの行《ぎょう》（意欲・行為）と同じことばですが、諸行無常のときには広い意味で使って「すべての作られたもの」の意になります。すべての作られたもの、すなわち有為は、移り変わる、無常なものである、という意味です。

ではなぜ、諸法無常とはいえないのでしょうか。法という語はたいへんに多義的で始末に困るものですが、諸法というときには、いちばん広い意味で、「あらゆるもの」「すべての事物」を表わします。あらゆるものが無常である、ということができないのは、たとえば、涅槃寂静というときの涅槃は、絶対の安らぎで、永遠に存在し、作られたのでないもの、無為と考えられたのですが、この涅槃は無常ではありません。そして諸法「あらゆるもの」のなかにはこの涅槃も含まれますから、「あらゆるものは無常である」とはいえないわけです。

無我つまり「自我をもたないこと」という述語にたいしては、涅槃もその他のいかなるものも自我ではありませんから、すべてのものが主語となることができます。したがって、諸法無我、「あらゆるものは無我である」ということができるわけです。

三法印というのは、パーリ語聖典にはまとまった形では出てこないようですが、漢訳の『雑《ぞう》阿《あ》含《ごん》経《きょう》』その他には「一切行無常・一切法無我・涅槃寂滅」という形で出てまいります。比丘たちは原始経典を読んでいるうちに、行と法という二つの概念の相違に気付いた、あるいは、その相違を明確にしようとしたわけです。

これは、ブッダ滅後しばらくしてから、比丘たちがブッダの教えを理論的に整合化し、教理体系を作りあげようと考え始めたこと、そして、世の中には、涅槃のように、変化しない、恒常なものもあるから、それは行のなかには入らないが、法には含められる、と考えたということを示しているわけです。

ブッダは時に応じ、聞く人にふさわしい教えを説いたのですから、その教えは断片的であり、また、教理としての秩序をもっていたわけでもありません。後代の仏弟子たちが、ブッダのことばを記憶して口から口へと伝承していくあいだに、その教えを整理し、秩序づけ、体系化していったのは、きわめて自然のことであり、またそれなりのメリットもあったわけです。

認識論的カテゴリー

原始経典のなかで比較的早く体系化された教義に、五蘊・十二処《じゅうにしょ》・十八界《じゅうはちかい》の範疇があります。蘊はグループを、処は領域を、界は種類を意味する語で、いずれも範疇と理解してさしつかえありません。五蘊についてはすでに簡単に説明いたしましたが、これはいわば存在論の範疇といえましょう。

十二処は眼《げん》・耳《に》・鼻《び》・舌《ぜつ》・身《しん》（身体）・意《い》という六種の認識器官とその対象である色《しき》（いろかたち）・声《しょう》（音声）・香《こう》・味《み》・触《そく》（触れられるもの）・法《ほう》（考えられるもの、思い）という六種を対照させて、この十二種の範疇で人の認識の世界を説明したものです。ブッダは「眼と色とによって視覚（眼識）が起こる」ということをいいましたから、それを六種の認識器官と六種の対象にひろげて体系化したものです。

十八界は十二処にさらに眼識（見る心）・耳識（聞く心）・鼻識（嗅ぐ心）・舌識（味わう心）・身識（触れる心）・意識（考える心）という六種の認識を加え、六種の器官と六種の対象と合わせて十八種として、十二処よりさらに詳しく認識を分析したものです。

五蘊・十二処・十八界は無関係な範疇表ではなくて、五蘊という存在論の範疇を認識論の立場から組み換えたのが、十二処・十八界であります。十八界は十二処をさらに精密にしたものにすぎません。説一切有部《せついっさいうぶ》（サルヴァースティヴァーダ。以下、有部《うぶ》と略称します）はその実在論哲学を構築したときに、主として十八界の範疇を基礎として研究を進めたのでした。（つぎに五蘊・十二処・十八界の対照表を掲げておきます。ただし、この表では有部の特殊な理論である無表色《むひょうじき》を無視しておきます。）

十二処

（根）	（境）
眼	色（いろかたち）
耳	声（音声）
鼻	香
舌	味
身	触（触れられるもの）
意	法（考えられるもの）

十八界

（識）	（根）	（境）
眼識	眼根	色境
耳識	耳根	声境
鼻識	鼻根	香境
舌識	舌根	味境
身識	身根	触境
意識	意根	法境

五蘊・十二処・十八界対照表

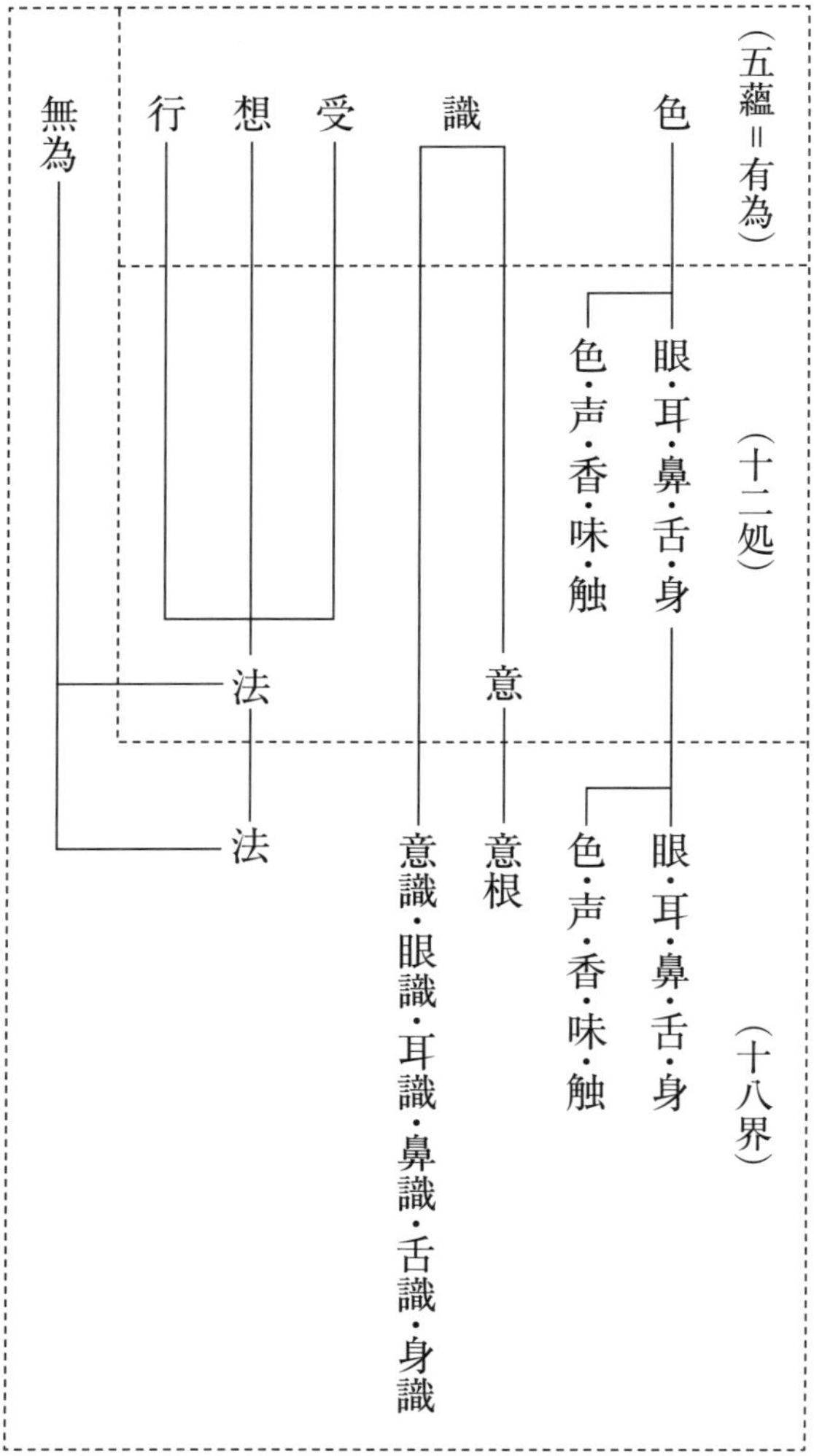

無我の証明

五蘊・十二処もそうでしたが、十八界とは実在するものの範疇です。この十八の範疇に属するものは実在し、十八の範疇に属さないものは実在しません。たとえば、自我はこの範疇表のどこにもありません。五蘊・十二処のどこにもありません。ということは自我は実在しないということです。

じつは五蘊・十二処・十八界という実在の範疇が構成されたのは、自我の実在しないことを反証するためであったのです。この点ではこれらの範疇を整備した仏弟子たちも、またのちに述べる説一切有部の実在論も、ブッダの教えを継承して、無我の論証を目的としたといえるのです。

カテゴリーの問題点

しかし、十八界の範疇には種々な問題も含まれていました。色《しき》（いろかたち）という物質的な対象と、眼という、これも物質である視覚器官と、眼識（見る心）とが接触して視覚が生じる。以下、触れられるものという対象と、身体という物質的な感官と、触れる心との接触によって、触覚が生じるにいたるまで同様であります。ここまでには問題はありません。

ところが、最後の系列である意識・意根《いこん》・法境については特別の考慮が必要になります。法とは考えられるもののことですが、私たちは、いま眼で見ている机をも考えることができますし、また、隣の部屋にあって見えない机をも考えることができます。さらに机のように物質的なもののほかに、概念とか、共通性とか論理とかいう抽象的なもの、また涅槃とか空間とかいう作られたのでない恒常なものをも、考えることができます。

つまり、法というものは有為と無為の両方の領域にわたっているわけです。これはちょうど、さきに述べた、諸行無常と諸法無我の相違に対応いたします。諸行というときは有為のものだけを意味しますから、一切行無常といえたのですが、諸法といえば無為のものをも含みますから、諸法無常とはいえなかったのです。

ブッダの滅後に比丘たちが色・受・想・行・識の五つをまとめて五蘊といったときには、彼らは五蘊を無常なるもの、苦なるものと考えました（たとえば、『サンユッタ・ニカーヤ』XXII, 26. 5, Vol. III, p. 28 参照）。いいかえれば、五蘊という範疇は有為の領域に属するものとされたわけです。

それにたいして十二処には意識と法が、十八界には意識と意根と法境とが入りますから、この二つの範疇は有為と無為との二つの領域にまたがります。ですから、五蘊と十二処・十八界とは対応しているとはいっても、後二者の場合は無為（涅槃・虚空などのように、作られたのでない、恒常なもの）の領域を組み込まねばならなかったのです。

二　有部の認識論

過去に過ぎ去った意識

意識・意根・法境という系列には別な問題も含まれています。机というういろかたちを眼という感覚器官で捉え、それを見る心で認識するということは分かりやすいことです。しかし、涅槃という知覚できない対象（法）を意根という器官で捉え、それを意識で考えるということはよく分かりません。意根と意識とは同じ心であって区別がないからです。

有部のこの問題への答えはこうです。意識は現在の心であるが、意根は一瞬間前に過去へ過ぎ去った心（六識）である、と。十八界はすべての認識を対象と器官と心とに機械的に三分類したものですから、その無理が意識・意根・法というところに出てきたわけで、有部はある意味では苦し紛れに、意根とは過去に過ぎ去った前刹那の意識だといって、それを現在の意識と区別したわけです。

しかし、苦し紛れの発想であったにせよ、これはたいへんにすぐれた理論であることが分かりました。われわれの現在の認識には過去の印象や記憶がかならず参与しているからです。たとえば、私がある教室へ入っていってすぐに黒板に向かい、白墨で字を書き始めることは、過去において私が黒板を見、使ったという経験なしにはありえません。赤ん坊はここへ来ても、黒板を認識することも、使うこともできません。

じっさい、意根についての有部のこの理論はのちに経量部《きょうりょうぶ》や唯識派《ゆいしきは》にも取り入れられて、大きな役割を果たすことになります。

知覚と概念的思考

認識というものは、大別すると二種類に分けられます。眼の前あるいは近傍にあるものを見たり、聞いたりする知覚、さらに厳密にいうと直観と、見たり聞いたりできないものや抽象的な対象を考えたり、思い出したりする概念的な思考とです。

五世紀ころから経量部や唯識派の理論を背景にして展開された仏教の知識論でも、認識を概念のまじらない純粋な直観（現量《げんりょう》）と概念的思惟（比量《ひりょう》）との二種に分類しました、また西洋の近世哲学でも、知覚できるものと考えられるものとを区別いたします。ところが、有部はこの二種類の認識は厳しくは区別しませんでした。

有部は、判断（慧《え》）には対象の本質の判断（自性分別《じしょうふんべつ》）と記憶（憶想分別《おくそう》）と推理（計度分別《けたく》）の三種があり、眼・耳・鼻・舌・身という前五種の認識つまり知覚には、対象の本質の判断はあるが、記憶と推理がなく、意識つまり概念的思考にはこの三種の判断が備わっている、と考えました。

このことは、有部が知覚（直観）と概念的思考との差異を判断の程度の差に解消してしまって、その二つを本質的に違ったものと考えなかったことを示しているのです。私が眼で眼前にある机を見ている知覚と、涅槃や空間のことを考えたり、死んだ母親を思い出したり、来年生まれてくる子供のことを考えたりする概念的思考とを同じ認識だとするわけです。

物質と概念

これにはいろいろな理由があるのですが、いまは有部の哲学体系を説明するのが目的ではなく、空の思想と関連するかぎりでの有部のものの考え方を話しているわけですから、あまり細部に立ち入ることは避けなくてはなりませんので、一つだけ理由を述べるにとどめます。

十八界の範疇では、眼・耳・鼻・舌・身による前の五種の知覚の対象は物質です。第六の意識の対象は物質ではなく概念です。いま私が眼の前にある本を見ていたのに、つぎの瞬間に誰かがその本を隣の部屋に持ち去ってしまって、私は見えない本を考えるとしましょう。もしこの二つの認識がまったく別な種類のものであるとすれば、前の瞬間に私の知覚の対象であった本という物質は、つぎの瞬間には概念つまり非物質的な知識に変わってしまったことになります。

物質的存在と心理的・知的存在とを峻別するのが、有部の範疇論の原則ですから、物質であった本がいつのまにか本の概念という知的存在に変わってしまうことは許されません。もしそれができるならば、そもそも範疇論は成立しません。本は見られているときも、単に考えられているときも、つねに同じ物質的存在でなくてはなりません。

（いま詳しく立ち入ることはしませんが、有部は、十八界のほかに、あらゆる存在を五種に大別し、それをさらに七十五に細分した、五位七十五法《ごいしちじゅうごほう》という範疇表をもっています。あらゆる存在は物質（色。五根と五境と無表色を合わせた十一種）、心（一種）、心理作用（心所有《しんじょう》法《ほう》。四十六種）、論理的・言語的存在等（心不相応行《しんふそうおうぎょう》。十四種）、無為（三種）に分けられ、すべてを合わせて七十五法となります。物質的存在としての本は第一の色に含まれ、概念としての本は第四の論理的・言語的存在に入るはずです。しかし同じ本が二つの範疇に入るのでは、この五位七十五法は成立しません。）

認識の対象は実在する

このような有部の考え方が、三世実有論《さんぜじつう》に導いていったのです。有部は、意識あるいは認識はかならず実在する対象をもつと考えます。対象のない認識はありません。坐禅をしていて無念無想の境地になったら、その認識には対象はないではないか、という疑問が出るかもしれませんが、涅槃や虚空のような無存在すら一種の存在と考える有部にとっては、無念無想の対象も存在する対象であります。私が眼の前の机を見ているとき、私の意識（認識）は実在する対象をもっています。私が隣の部屋にあって見えない机を考えているとき、その私の意識はやはり机という物質として実在する対象をもっています。

三　恒常な実体

過去・未来の実在

さて、意識はかならず実在する対象をもつ、ということを一つの前提とし、物質的存在も概念的存在も、心とは別に外界にあって等しく実在する、ということをも頭に入れましょう。私が死んだ母親のことを思い出しているとき、私の意識の対象となっている死んだ母親は、心の外に実在しなければなりません。このことはつぎの推論式に組み立てることができます。

（大前提）意識はかならず実在する対象をもつ。

（小前提）死んだ母親は私の意識の対象となっている。

（結　論）だから、死んだ母親は実在する（対象である）。

さきに机について申しましたように、いまの場合にも、死んだ母親は私の記憶の内容、いいかえれば、心（知識）の内容ではありません。母親という外的な個体存在として私の意識の対象になっているのです。

同じことは未来の対象についてもいえるわけです。たとえば、私が来年生まれる孫のことを考えるとしましょう。男ならば太郎と名付けよう、女だったら花子と名付けよう、というように、私は未来の孫についても考えることができます。孫はまだ未来の領域に

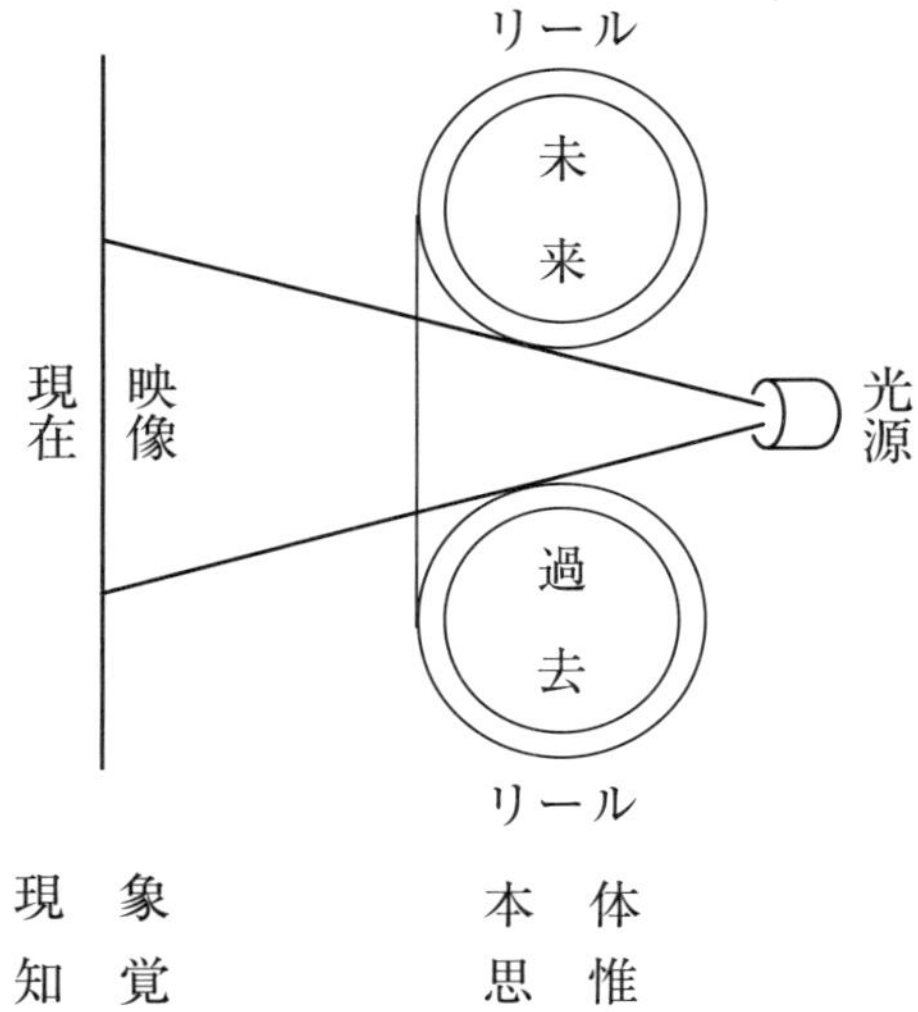

いるとはいえ、私の思考の対象として、現に実在していることになります。こうして、あらゆるものは未来・現在・過去にわたって実在する、という理論が成り立つのです。

すべてのものが三世に実有であるということは、過去の行為が現在または未来において結果をもたらすことや、学識ある仏弟子が、過去の物質を厭い捨てることを修行したり、未来の物質を求め貪ることを断じたりするのは、過去・未来の物質があるからである、ということからも証明されるわけです。さらに、われわれが過去・未来のものについて認識をもつのは、それらのものが実在することの証拠である、ともいわれます。

けれども、もっとも強力な論証はさきに推論式で説明したことです。一般的にいいかえれば、「もし過去および未来の対象が実体として存在しないならば、過去・未来のものを思惟する意識は、対象をもたないものとなってしまう。しかも対象のない認識はありえないから、意識の対象である過去・未来のものは実在する」ということになります。

映画のフィルム

三世実有論は、映画のフィルムによって譬えることができます。上の、つまり未来の、リールに巻かれていたフィルムの一コマは、つぎの瞬間、現在、において光源（認識）に照らされ、その映像をスクリーンの上に映し出します。しかし、つぎの瞬間には下の、つまり、過去のリールに巻き取られてしまいます。フィルムの一コマは過去にも未来にも存在します。その一コマが光に照らされて映像を映し出す、つまり、作用をもつのは現在であり、映像は一瞬にして消滅します。

しかし、そのフィルムの一コマという実体は、つねに未来あるいは過去のリールのなかの存在としてではあるが、現在にもあるわけです。現在とは、過去あるいは未来に実体としてあったものが、作用をもって顕現する一瞬をいうわけです。もっとも右の図表において上のリールを未来、下のリールを過去としましたが、これは便宜的な区別であって、実体はじつは時間を超越している、というのがほんとうであります。

有部は、過去・現在・未来という三時は、単に実体の位の差にすぎないといいます。実体が作用と結合して顕勢的となった時が現在であり、作用と離れて、潜勢態にとどまる時が未来と過去といわれるだけです。現象として顕現する世界は、刹那ごとに変転する無常なものでありますが、その背後にある実体の世界は恒常であるわけです。いいかえれば、知覚の世界は瞬間的でありますが、思惟の世界は恒常なのです。

過去・未来にある火は燃えるか

古代インドの実在論哲学は、サーンキヤ学派（数論《すろん》派）・ヴァイシェーシカ学派（勝論《かつろん》派）・ニヤーヤ学派（正理《しょうり》派）などによって代表されました。これらの学派には、ことばの形而上学ともいうべき、共通した一つの観念が存在しました。それは、存在するものとは知られるものであり、ことばの対象である、として、存在と知識の対象とことばの意味とを同一視する考え方であります。有部の実在論も、おそらくこれらの学派の影響のもとに成立したのでありましょう。

五世紀に有部の哲学を代表した学者に、サンガバドラ（衆賢《しゅげん》）という人がいました。ある他学派の人がサンガバドラにこう質問しました。「いったい過去と未来にある火の実体というのは、燃えるものなのか燃えないものなのか。もし燃えるならばそれは現在の火と区別がなくなるし、もし燃えないならば、そもそも火の本性をもたない、といわねばならないではないか」と。サンガバドラは答えました。「過去・未来の火は実体はあるけれども作用をもっていない。実体とは知られるものということである。知られるという点でそれが存在だといわれるのであって、作用をもっているからではない」と。

サンガバドラの定義では「存在とは、対象となって認識を生ずるもの」でありました。この定義のかぎりでは、燃えていなくても、眼には見えなくても、火という知識の対象となるものは火という存在、火の実体であります。火の実体とは、つまり火ということばの意味の実体化されたものでありました。サンガバドラは五世紀の人でありましたが、このような考え方そのものは有部に早くから存在していたのです。

現象しない実体

有部が無為として数えるのは、択滅《ちゃくめつ》・非択滅・虚空の三つです。択滅は智慧（択）の力によって得られる消滅の意味で、涅槃のことです。非択滅についてごく簡単に申しておきます。すべてのものは原因・条件の集合によって未来から現在に生じ、一瞬間のちには滅して過去の分位に去って行くのですが、原因・条件の一つでも欠けているために、永久に未来にとどまって現在に生じてこないものがあります。このような、存在しながらも現象の世界に現われてこないものを、非択滅（智慧によらないで、条件の欠如による非存在）といいます。たとえば、深山の洞窟のなかにある金脈は、光もなく、訪ねる人もいないために、永久に認識の世界、つまり、現象の世界に現われないようなものです。虚空は、有部によれば、すべてのものが存在する余地、場としての空間のことです。

この択滅・非択滅・虚空の三つはいずれも、不変・恒常な存在で、それ自体はこの世界に現象いたしません。経量部や大乗仏教によれば、これらの三つはいずれも実在しない、無存在をかりに名付けただけのものでありますが、有部にはこのような無存在をも一種の存在と考える傾向があったのです。涅槃とは煩悩の絶滅した状態で、経量部や中《ちゅう》観派《がんは》ではその絶滅の状態自体は無存在で、名のみのものとしますが、有部はそれを実体とするのです。十八界のなかの法には、このような現象しない実体も含まれるわけです。

十八界という一つの範疇表のなかに、有為と無為との二世界が含まれるということは、当然その二世界を統一する理論を要求いたします。有部が三世実有論というユニークな理論を構築し、またみずからの学派名を説一切有部（サルヴァースティヴァーダ）、「すべてが有ると説く学派」「あらゆるものが過去・現在・未来の三世にわたって実在すると説く学派」と呼んだのも、そのためであろうと思います。十八界のなかの法という範疇が、三世に実在する本体と現在一瞬のみに顕現する現象と二種を含むとすれば、統一理論を形成するさいには、現象もまた三世実有の本体をその背後にもつ、と考えるよりほかありません。

不合理なもの

あるとき、私が有部の三世実有論の話をしていましたら、ある学生さんが、「考えることのできるものは実在する、というのなら、われわれは自我を考えることができるのだから、自我も実在するはずではないか」と質問しました。たいへんに鋭い質問なので私も感心しました。

しかし、たとえば、丸い三角はしいて考えれば考えられないことはありませんが、それは不合理なものであります。不合理なものは正当に考えることはできません。さきにも申しましたように、有部の主張する五蘊・十二処・十八界という範疇は合理的存在の範疇であり、自我は有部ないし仏教にとって不合理な存在ですから、それを考えることは、じつはできないのです。

「桃栗三年、柿八年」ということばがあります。これをもじって「唯識《ゆいしき》三年、倶舎《くしゃ》八年」ということがあります。唯識派の観念論は三年で習得できるが、有部の代表的な論書である『倶舎論』をマスターするのには八年かかる、という意味です。現代でも、一生をかけて『倶舎論』を研究している学者は世界に大勢います。その有部の思想体系をここで詳しく説明することはできません。いまはただ、有部の三世実有論の基本的な考え方を、空の思想の前提としてお話しした次第です。

第三章　大乗の空思想

一　般若経の出現

さまざまな般若経

般若経《はんにゃきょう》と一括して呼ばれる膨大な文献群が、「空」を標榜して続々と現われてきたのは、説一切有部がとくに西北インドで強大な勢力を誇っていたころでした。般若経のなかで最初に現われたのは『八千頌《はっせんじゅ》般若経』でした。この経典が同じ西北インドで編纂されましたのは、おそらく西紀五十年前後であったろう、と私は考えています。

サンスクリット本『八千頌般若経』は三十二章からなっていますが、そのうち第一から第二七章まで（漢訳『道行《どうぎょう》般若経』では第一から第二五品まで）がこの経典の原初形態で、有名なサダープラルディタとダルモードガタの長大な物語を含む第二八—第三二章はやや遅れて付加されたものです。

しかし、この付加部分をも含めて、『八千頌般若経』全体が後五十年ころまでに成立していた、と私は考えています。ここではその年代考証はすべて省略いたします。とにかく、『八千頌般若経』は有部の三世実有論を批判して、ブッダの教えの真意を回復するために編纂されたものであります。

『八千頌般若経』は、中国では六回にわたって、別々な題名のもとに漢訳されています。後漢の支婁迦讖《しるかせん》の訳した『道行般若経』、呉の支謙《しけん》の訳した『大明度無極《だいみょうどむごく》経』、前秦の曇摩蜱《どんまび》・竺仏念《じくぶつねん》の共訳になる『摩訶《まか》般若鈔経』、後秦の鳩摩羅什《くまらじゅう》の訳した『小品《しょうぼん》般若波《は》羅蜜《らみつ》経』、宋の施護《せご》の訳した『仏母出生三法蔵《ぶつもしゅっしょうさんぼうぞう》般若波羅蜜多経』、玄奘《げんじょう》訳『大般若波羅蜜多経』第四会は、いずれも『八千頌般若経』の異訳であります。これは、サンスクリット本『八千頌般若経』が時代とともに発展し、増広されていったために、それに応じて中国でも何度も訳し直さねばならなかったからです。

このうち、『道行般若経』『大明度無極経』などは現存のサンスクリット本『八千頌般若経』よりもはるかに古い形を示しています。現存サンスクリット本にもっとも似ている形をもっているのは、宋の施護（九八〇年以降）の訳であります。こういう現象はこの経のサンスクリット古写本が失われて、現在では十一世紀以降の写本しか残っていないことから起こっているのです。『八千頌般若経』以外の般若経につきましても同じようなことがいえるわけですが、いちいちくりかえしません。

『八千頌般若経』に続いて、二、三百年のあいだに、『一万八千頌』『二万五千頌』、はては『十万頌』というような、長大な般若経が編纂されました。ここで「頌《じゅ》」というのは、韻文の意味ではなくて、三十二シラブルの長さをいいます。ですから一頌というのは、サンスクリット写本の一行ほどの長さだと考えてよいわけです。『十万頌』というのは、十万行の長さの般若経というわけです。これらの般若経は、内容的には『八千頌般若経』とそれほどは違わないのですが、同類の文章を次々と書き足していったために、たいへんに長くなったものです。

後三百年ころから、今度は比較的短い般若経が作られるようになりました。『金剛《こんごう》般若経』のように、漢訳にして一巻前後のものが次々と出てまいります。『般若心経《はんにゃしんぎょう》』にいたっては、わずか数百字であります。後六百年ころからは密教の影響のもとに、『理趣経《りしゅきょう》』をはじめとする密教的な般若経が現われてまいります。

般若経はこのように、『八千頌』を基本にして、それがだんだんと増広される傾向、長くなりすぎた般若経を逆に短縮してゆく傾向、そして最後に密教化の方向、という三段階の発展をしたわけです。玄奘が訳しました『大般若波羅蜜多経』は、じつは右に申しましたような各種の般若経を集大成したもので、般若経全書というべきものです。『般若心経』や、韻文で書かれている点で独特な『宝徳蔵般若経《ほうとくぞう》』などは、『大般若経』に入っていません。

般若経の内容

『八千頌般若経』をはじめとして、すべての般若経は、小乗仏教の段階において確立された仏教術語の意味、そのうえに体系化されたあらゆる実在論的な理論を、空の思想によって批判しております。たとえば『八千頌般若経』の第二章には、大乗の菩薩・大士《だいじ》は空ということに留まって智慧の完成（般若波羅蜜）にとどまらねばならない、といって、五蘊・十八界・五大（地・水・火・風・空）・四念処《しねんじょ》（身体は不浄、感覚は苦、心は無常、事物は空とする観法）・四正勤《ししょうごん》（四種の正しい努力）・四神足《しじんそく》（欲、精進、心、思惟の四種の精神集中）・五根《ごこん》（信、精進、念、定、慧）・五力《ごりき》（信力、精進力、念力、定力、慧力）・七覚支《しちかくし》（念、択法、精進、喜、軽安、定、捨というさとりの智慧を助ける七種の徳）・八正道支《はっしょうどうし》（正見、正思惟、正語、正業、正命、正精進、正念、正定）・聖者の四段階（預流果、一来果、不還果、阿羅漢果）・独覚《どっかく》の本性・仏陀の本性に心を留めてはならない、といいます。

四念処から八正道支までは、さとりの助けとなる要素であって、三十七道品《どうぼん》といわれます。これらの存在の範疇や修行の体系のいずれをも、実在として認識したり、執着してはならない、というのです。聖者の位や、独覚や仏陀のさとりをも、固定的な実体と思ってはならない、というのです。

他の章には、六波羅蜜という大乗の菩薩の修行徳目や、空の智慧にほかならない般若波羅蜜や、仏陀の一切智《いっさいち》も、じつは空であり、空性《くうしょう》ということ自体も空である、といいます。

こういう般若経の批判は、それまでにあらゆるものを固定化し、不変・不滅の実体として見ようとした小乗仏教の実在論を基本から否定し、さらに空とか般若波羅蜜というような大乗仏教の新しい理想さえも、固定化し、実体視してはならない、と戒めることに集中しているのです。それは小乗仏教の実在論を批判するとともに、大乗仏教さえもが陥りやすい固定化の傾向をも、抑止しようとしているわけです。その批判と自戒によって、仏教をゴータマ・ブッダの本来の精神に帰そうとしたわけです。

二　空の修行者・菩薩

菩薩の誕生

菩薩《ぼさつ》（ボーディサットヴァ）ということばは、前二世紀には成立したもので、その後、原始経典のなかにもしきりに挿入されてきました。もともとは、成道して仏陀になるまでの、無限ともいえる長い期間にわたって、生まれかわり死にかわりして求道していた、釈迦牟尼《しゃかむに》の前身としての修行者、を意味したことばでした。「〔仏陀の〕さとりに向かって〔修行している〕有情」「〔仏陀の〕さとりを得ることの決定した有情」という意味の語でした。

ゴータマ・ブッダの滅後、もともとは遊行遍歴していた比丘・比丘尼たちは、一般社会と隔離された僧院のなかに定住して集団生活をするようになり、王侯・長者・在家の信者の布施によって経済的に支援され、労働や社会的義務から解放され、独身を守り、厳しい戒律のもとにたがいに切磋琢磨して、学問と修行に没頭するようになりました。

他方、在家の男女の信者は、釈迦牟尼の遺骨を祀った多くのストゥーパ（仏塔）に集まり、その供養と管理・運営に当たっていましたが、しだいに在家の教団を形成してゆきました。小乗仏教の出家教団のなかにも、大衆部《だいしゅぶ》の系統の進歩的な教団がありましたが、これら教団の比丘たちのなかには、在家集団を支援し、在家信者たちに協力して、仏教の革新に努めたものもいました。

善男子《ぜんなんし》・善女人《ぜんにょにん》といわれていた在家信者たちは、やがて自分たちを「菩薩」と呼ぶようになりました。そして、自分たちの教団を菩薩教団と呼称しました。在家信者たちが菩薩と名のったことには、非社会的で自分のさとりにのみ専心し、阿羅漢《あらかん》を最高とする聖者になればよいと考えていた出家の比丘・比丘尼たちにたいする批判がこめられていたのです。在家者たちは、みずからを菩薩と呼ぶことによって、阿羅漢ではなく、仏陀になることを理想として掲げたのです。

さとりを志願する

『八千頌般若経』の段階になりますと、大乗の修行者たちは、みずからをただ菩薩というだけでなく、菩薩・大士（摩訶薩《まかさつ》）と二語で呼ぶようになりました。この言い方には、菩薩という語の意味の変更と大乗特有の理想が盛り込まれたのです。ここではボーディ・サットヴァのサットヴァは、心あるいは志願（アビプラーヤ）を意味するようになりました。したがってボーディサットヴァとは、「〔仏陀の一切智という〕さとりを志願とするもの」の意味になりました。

この語に付け加えられた大士（マハーサットヴァ）は、「〔あらゆる有情を救済しようという〕偉大な心・志願をもつもの」を意味するようになりました。この二語を併称することによって、大乗教徒は、仏陀になることを目指し、自己のさとりだけに専念するのでなく、あらゆる有情を救おうと心掛けるものとなろう、という決意を表わしたのです。

「サットヴァ」を心あるいは志願の意味に取る解釈は、鳩摩羅什訳の『大智度論《だいちどろん》』に何度も出ています。「菩提とは諸仏の道に名づけ、薩埵（サットヴァ）とはあるいは衆生、あるいは大心に名づく」「如何なるを摩訶薩埵と為すや。答えていう。摩訶は大、薩埵は衆生に名づく、あるいは勇心に名づく」などの文章が数多く現われます。しかし、菩薩・大士のもっともすぐれた解釈は、八世紀末に活躍した思想家、ハリバドラによってなされています。

菩薩とは彼らの「サットヴァ」すなわち「志願」が、自利の完成、すなわちあらゆるものへの無執着にほかならない正覚へ向けられている人々である。「声聞たちでさえもそのようになりうるであろう」というならば、大士と付け加えられる。その人々の心（サットヴァ）が、偉大なる利他の完成に向けられている人々が、大士といわれる。「偉大なる〔利他の〕心は、たとえば異教の善人のような、他の〔人々の〕場合にもありうるであろう」というので、菩薩ということばがつけられて〔仏教者を表わして〕いるのである。

ハリバドラはかなり後代の人ですが、その解釈が般若経の早い段階から成立していたことは、同じ解釈を鳩摩羅什（三五〇—四〇九あるいは三四四—四一三）がすでに行なっていることから分かります。サットヴァを有情（衆生《しゅじょう》）とする、もともとの解釈が捨てられたわけではありませんが、大乗特有の解釈では、それは心・志願の意味になったのです。

あらゆるものへの無執着

ハリバドラの菩薩・大士の解釈のなかで、もうひとつ注意しておきたいことがあります。彼は、菩薩を「あらゆるものへの無執着にほかならない正覚《しょうがく》（仏陀のさとり）という自利の完成にその志願が向けられている人」と規定しているのですが、この、あらゆるものへの無執着という概念です。般若経において、一切智とか仏陀のさとりとかを、あらゆるものへの無執着であるとしていることは、きわめて大事なことなのです。『八千頌般若経』の第一章にシュレーニカという修行者の話が出てまいります。彼は自分の教えの特徴を把握しながら、長いあいだ解脱を得ずに気落ちしていたのですが、仏陀の全知者性（一切智）というものの特徴は認識も取得もされない、という般若経の教えに接してはじめて信をもって道に従う人（随信行《ずいしんぎょう》）となって、全知者性に悟入しました。

それ以後、彼は、物質的存在・感覚・表象・意欲・思惟、つまり五蘊のいずれをも認識せず、涅槃をさえある特徴をもったものとして考えなかった、というのです。ここでは、ただに世俗的なものに執着しない、ということだけではなくて、仏陀のさとりや涅槃というような宗教的な本質も認識せず、執着しない、ということが、般若経の修行の第一の心得とされているのです。

さとりに執着する者

「菩薩」ということばの解釈のなかで、ハリバドラが「無執着」ということを言い出したのには、じつは語学的な理由や社会的な理由もあったのです。

サンスクリット語では、有情とか心を表わす語は「サットヴァ（sattva）」であり、「執着した」を意味する語は「サクタ（sakta）」であって、二つはまったく違ったことばなのですが、パーリ語やその他の俗語では、この二つのことばは同じ一つの「サッタ（satta）」という語になってしまいます。

「菩薩」はパーリ語でbodhi-sattaですが、このことばは「さとりに執着（献身）している者」とも解釈できることになります。五世紀に活動した著名なパーリ経典注釈家であるブッダゴーサは、菩薩の語義解釈のなかで「さとりに執着し、献身している者」という意味をも記しています。

社会的な理由というのはこういう事情です。前にも触れたと思いますが、小乗仏教の修行者は仏陀になることを目的にして修行したのではなくて、仏陀になる、という理想を放棄して、仏陀よりもはるかに低い段階の聖者である阿羅漢になればよい、と考えていました。ところが、新興の大乗仏教者たちは、阿羅漢ではなく、仏陀になることを理想として掲げて、仏教革新運動を展開し始めていたのです。

このことは出家であり、仏教の専門家をもって自認していた小乗の比丘たちにとっては、はなはだ片腹痛いことでしたでしょう。出家修行者である自分たちでさえ仏陀にはなれないのに、在家のしろうと仏教者が仏陀になろうとはなにごとだ、というわけです。小乗の出家比丘たちは、大乗教徒の掲げる成仏の理想を攻撃したに違いありません。そして、みずからを菩薩と名のる大乗教徒たちは「仏陀のさとりに執着した」思い上がった輩である、と批判したに違いありません。

こういう小乗の比丘たちの攻撃にたいして、大乗の菩薩たちは、自分たちの考えている仏陀のさとり、一切智とは、じつはあらゆるもの、仏陀やそのさとりにさえ執着しない、ということである、と答えたのでした。無執着こそが仏陀のさとりである、という般若経の精神は、こういう社会的な背景からも理解できるのです。

三種の瞑想

般若経には、三解脱門《さんげだつもん》といわれる三種の三昧《さんまい》（精神集中）が、しばしば強調されています。これは空《くう》三昧・無相《むそう》三昧・無願《むがん》三昧の三つの精神集中のことです。空三昧というのは、あらゆるものに本質や実体はない、ということを瞑想することで、いわば空の存在論的な側面といえるでしょう。無相三昧は、いかなるものについてもその特徴を認識しない、ということで、いわば空の認識論的側面といえましょう。無願三昧というのは、いかなる願望・欲望をもたない、という瞑想で、いわば空の心理学的な側面の表現といえるでしょう。けっきょくは、ものの実体を構想せず、認識せず、執着しない、ということでしょう。

瞑想（三昧）は、般若経の神秘家たちにとって、真実探究のただ一つの正しい方法であり、実験であったのです。ほんとうに存在するものは何なのかを追求するために、ある対象に注意を集中して瞑想していると、その名前、その形は消えてしまう。思惟すべきもの、知覚すべきものはすべて消え失せて、最後に残った最高の真実、それは生じもせず、滅しもせず、来たらず、去らず、作られたものでもなく、変化もしません。いかなる形でも現象しませんし、時間的にも空間的にも無限、無辺なのです。それはすべての限定を離れ、静寂であり、孤独であり、清浄である、と分かるのでした。

ことばを超える真実

さきにも申しましたように、説一切有部の学者たちは、存在と認識の対象とことばの意味とは同義語である、と考えていました。それと比べますと、最高の実在は知覚や思惟を超えている、という般若経の思想家の考え方は、有部の学者たちと対照的であることが分かります。知覚や思惟を超えたものは、ことばの対象にはなりません。だから、般若経は、最高の真実は生じもせず、滅しもしない、とか、来たりもせず、去りもしない、というような矛盾的な表現を用いて、真実がことばから離脱していることを示そうとするのです。

ですから、ものが実体として空であり（空）、いかなる特徴をとおしても認識されず（無相）、欲望や執着の対象ではない（無願）という三解脱門の基底には、すべてのものが、最高の真実としては、ことばを超えている、ということが横たわっているということになります。般若経の思想家たちは、人間のことばを信用しなかったわけです。実在について何を語ろうとも、それはことばだけのことであります。言語習慣としての表現にすぎないのです。ことばはものの真実に言及することのできないものであり、ものの真実から引き出されたのでもないし、またそれ自身が実在するわけでもないのです。

ですから、ものの真実はことばによって表わされず、ことばはそれと一致する対象を実在の世界にもつわけでもないのです。実在を物と心、認識と感官と対象、そのほか多くの範疇によって区別することも成り立ちません。区別はことばの世界にだけあるのであって、実在するものにあるわけではないのです。人間がことばによって考え、区別したイメージを、実在するものがそれ自身の本質としてもっているわけではないのです。

三　天女の説法

天の花

『維摩経《ゆいまぎょう》』は、経典の分類のうえでは般若部には属していませんが、じつは、もっとも般若経的といえる経典であります。そこで、この経の第六章のなかに現われる天女の物語を、長尾雅人博士の和訳を借りて、ご紹介して、空思想の例証としてみたいと思います。

この家にひとりの天女がいた。これらの菩薩・大士の説法を聞き、喜び満足して心も奪われ、自分の実際の身体をあらわして、天の花をこれらの大菩薩、大声聞たちのうえにふりかけた。すると、菩薩たちの身体にふりかかった花は地に落ちたが、大声聞たちの身体にふりかかった花は、そこにくっついて地面に落ちない。大声聞たちは神通力をふりしぼってこの花を振り落とそうとするが、落ちようとしない。

そこで、その天女が長老シャーリプトラ（舎利弗《しゃりほつ》）に言った。「大徳《だいとく》よ、この花を振り落としてなんになさるのですか」。答えて言う。「天女よ、これらの花（で飾ること）は、（出家の身には）ふさわしくないことですから、取り去ろうとするのです」

天女が言う。「大徳よ、そのようなことをおっしゃってはなりません。なぜかといえば、この花は法（真理）にかなったものです。その理由は、この花のほうでは考えたり分別したりしないのに、長老シャーリプトラこそが、思慮し分別しているからです。大徳よ、出家して善説の法と律とのなかにありながら、思慮し分別するならば、それこそ法にかなわないことなのです。長老は（法や律について）計らいをめぐらし分別していますが、思いはからうことのないことこそが正しいのです。

大徳よ、ごらんなさい。思慮や分別を離れていればこそ、これらの菩薩・大士の身には花が付着しないのです。たとえば、恐怖をいだいている人ならば、そのすきを悪霊がねらうでもありましょう。それと同様に、生死輪廻の恐怖におののく人にたいしては、色や声や香りや味や触れ合うことが、そのすきにつけ入ってくるのです。もし形成された諸存在（有為）への煩悩にたいするおそれを去った人ならば、その人にたいして、色や声や香りや味や触れ合うこと（という五欲）が、何をなしうるでしょうか。（愛着によって）熏じつけられた習慣（熏習《くんじゅう》）をいまだ断ち切れない人には、花が付着しますが、それを断っている人の身体には付着しません。ですから、熏習をすべて断っている（菩薩たちの）身体には花が付着しないのです」

また（シャーリプトラが）問う。「天女よ、愛欲と怒りと愚かさとを離れるからこそ、解脱があるのではありませんか」

天女が答える。「愛欲と怒りと愚かさとを離れて解脱するというのは、慢心のある者にたいして説かれたのです。慢心のない者においては、愛欲と怒りと愚かさとの本性が、そのまま解脱なのです」……

男と女

（シャーリプトラが）言う。「天女よ、あなたは女性としてのあり方をかえて（男性になって）はいけないのですか」

答えて言う。「私は十二年間、女性であることを探し求めてきましたが、いまもってそれが得られません。大徳よ、魔術師が女の姿を変現したとして、これにたいして女性としてのあり方をかえてはなぜいけないか、などと質問したら、これはどういうことになりましょうか」……

そのとき、天女は神通を行なったので、長老シャーリプトラはこの天女とまったく同じ姿になり、天女はまた長老シャーリプトラと同じ姿になった。そこで、シャーリプトラの姿になった天女が、天女の姿になっているシャーリプトラに向かって尋ねる。「大徳よ、女性であることをおかえになっては、なぜいけないのですか」

天女の姿となったシャーリプトラが言う。「男の形が消えて、女の姿になったのですが、どうしてそうなったのかわかりません」

（天女が）言う。「もし大徳が、女の姿から再転ができるのなら、あらゆる女も女であることをかえうるでしょう。大徳が女としてあらわれているように、あらゆる女も女の姿であらわれているのであって、本来女でない者が、女の姿であらわれているのです。その意味で世尊《せそん》（ブッダ）は、あらゆる存在は女でもなく、男でもない、とお説きになりました。」

そのとき天女が神通をやめると、長老シャーリプトラは再びもとの姿にかえった。そこで天女が言う。「大徳よ、あなたがなっていた女の姿は、どこへいったのですか」

（シャーリプトラが）答える。「私は（女にも）ならず、またかわったわけでもありません」

（天女が）言う。「それと同じく、あらゆる存在も、つくられることなく、かえられることもありません。つくられることもなく、かわることもない、というのが仏陀のおことばです」

聖と俗

ここでシャーリプトラは小乗仏教の代表としての役割を与えられているのです。彼にとって花は世俗の装飾であり、宗教的なものではないのです。彼の心のなかには、俗なるものと聖なるものという二つの範疇がありまして、すべてのものはそのいずれかに分類されてしまいます。花は俗なるものであって、聖なる世界に属してはならないというわけです。愛欲や怒りや愚かさという煩悩も俗なるものであって、涅槃のように聖なるものではない、とシャーリプトラは考えているのです。

しかし、シャーリプトラをからかっている天女にいわせれば、花に俗なるもの、あるいは聖なるものという固有な本質があるわけではないのです。愛欲そのものに煩悩という本質があり、涅槃に聖なるものという本質があるわけではないのです。そのような本質や区別はシャーリプトラの区別する心のなかにあるだけであって、事物そのものはシャーリプトラの判断とは無関係に、固有の本質をもたないのです。煩悩に煩悩の本質が、涅槃に涅槃の本質があるのではないのです。

もしそうならば、ある人にとって忌まわしい虚飾である花が、聖なる世界の風光となって仏に捧げられ、毒が時に薬として用いられ、凡夫を迷わす愛情が仏陀にとっては衆生への慈悲となる、というような転換がどうして可能になるのでしょうか。

俗なるものを捨てて聖なるものにつく、迷いの世界を捨ててさとりの世界を取るということは、聖なるもの、さとりの世界にたいする執着にほかなりません。執着であるというかぎりにおいてそれは俗なるもの、迷いの世界にたいする執着と同じように、捨て去られねばならないのです。

存在するものは、ただ一つの同じ事象、同じ世界であって、それを俗とし、聖とし、あるいは迷いと見、さとりと見るのは、人のがわの区別にすぎないのです。その区別から執着が生じ、そこからすべての誤った行為と煩悩が生じるのです。その区別と執着を捨てることが、なによりも肝心な第一歩なのです。そう般若経も『維摩経』も説いているのです。あらゆるものが、夢や幻のように、実体あるいは本性をもたないならば、男を女から、女を男から区別するいわれもないわけです。

小乗の聖者たちの生活態度を貫くものは、沈着、冷静、非世俗的な精神であったといってよいでしょう。それにたいして、般若経や『維摩経』に描かれる大乗の菩薩は、精力的でハンサム、多くの侍女にかしずかれ、あらゆる教養と徳目を備え、すべての学問に通じ、弁舌さわやか、おまけに社会的な地位も高い富豪で、地域社会の英雄的指導者であることが多いのです。

大乗の菩薩がこのような、いわば世俗的なイメージをもって描かれるのは、彼においては、社会的であることがそのまま宗教的でありえたからです。社会的であることに実体がなく、宗教的であることにも実体がないのであれば、その二つはただことばのうえでの区別にすぎず、両者はじつは分かたれず、不二《ふに》であるからです。

四　ヴィマラキールティの沈黙

不二の法門に入る

『維摩経』の第八章「不二の法門に入る」は、この経典の精粋といえるものです。そこでヴィマラキールティ（維摩）は、集まっている菩薩たちに質問します。「高貴なかたがたよ、菩薩が不二の法門にはいるということがありますが、それはどういうことなのか、説明していただきたく存じます」と。三十二人の菩薩が次々と自分の所信を述べ、そこに大乗の法界《ほっかい》が顕現することになるのです。そのすべてをここにあげることはできませんが、何人かの菩薩の答えの要旨を紹介しておきます。最後のマンジュシュリー、ヴィマラキールティの部分以外では菩薩の名前は省略して、発言の順番だけを記しておきます。

(1)　生じることと滅することとが二であります。ところで、生じることなく、起こることがないばあいには、滅することはまったくありません。法は無生であるとの確信（無生法忍《むしょうぼうにん》）を得ること、これが不二にはいることです。

(3) 汚れといい、浄めという、これが二であります。もし汚れを十分に知るならば、浄めにたいする妄信もなくなります。あらゆる妄信が破られることへ導く道、これが不二にはいることです。

(8) 善と悪とが二であります。善と悪とを探し求めず、特質も無特質も異ならないと知れば、それが不二にはいることです。

(10) これは煩悩を伴い（有漏《うろ》）、これには煩悩がない（無漏《むろ》）というのが二であります。平等性をもって存在を知り、煩悩・無煩悩の観念がなく、またないのでもない。平等性についても平等性を得たというのでもなく、（すべての）観念の結びめがほどかれる。このように理解するならば、これが不二にはいることです。

(12) これが世間的なもの、これが超世間的なものというのが二であります。しかし、世間の本性が空であるばあい、そこにはなんらそこから（超世間へ）出ることもなく、そこへはいることもなく、行くことも行かないこともありません。出ることもなく、はいることもなく、行くことも行かないこともありません。このことが不二にはいることです。

⒀　輪廻と涅槃というのが二であります。輪廻の本質をみきわめることによって、もはや輪廻せず、したがって涅槃にもはいらない、というように理解することが、不二にはいることです。

㉗　認識によって、二の対立が現実化しますが、認識のないところには、二はありません。それゆえ、（認識の結果として）承認したり拒否したりすることのないことが不二にはいることです。

㉜　以上のように、これらの菩薩たちは、おのおの自分の説を述べおわって、マンジュシュリー（文殊）に向かって質問しました。「マンジュシュリーよ、菩薩が不二にはいるとは、どのようなことですか」

マンジュシュリーが答える。「高貴な人よ、あなたがたの説はすべてよろしいが、しかし、あなたがたの説いたところは、それもまたすべて二なのです。なんらのことばも説かず、無語、無言、無説、無表示であり、説かないということも言わない、これが不二にはいることです」

そこでマンジュシュリーはヴィマラキールティに言った。「わたくしたちはおのおの説を述べましたが、あなたにもまた、不二の法門について、なにか語っていただきたいのですが」

そのとき、ヴィマラキールティは、口をつぐんで一言も言いませんでした。するど、マンジュシュリーは、ヴィマラキールティをたたえて言いました。「大いに結構です。良家の子よ、これこそ菩薩が不二にはいることであって、そこに文字もなく、ことばもなく、心がはたらくこともないのです」

実体はことばにすぎない

なぜマンジュシュリーは、不二とはなんらのことばをも説かないことだ、といい、なぜヴィマラキールティは黙して語らなかったのでしょうか。それは有為《うい》と無為《むい》、有漏と無漏、輪廻と涅槃、世間と出世間《しゅっせけん》、煩悩と菩提、ひいては五蘊・十二処・十八界・五位七十五法、というような範疇によって区別された本質や実体とは、実在するものではなくて、ことばの意味の実体化されたにすぎないものであるからです。過去・現在・未来にわたって恒常的に存在する実体とは、人間の思惟の世界における概念としてのみあるもの、いいかえれば、ことばにすぎないものです。

たとえば、現に私の眼の前にある机という個物は、じつは「机」という実体をもってはいません。なるほど、私がその前に坐ってその上に本を載せて読めば、それは机です。しかし私がそれに腰掛ければ、それは椅子以外の何でありましょうか。斧で叩き割れば、たちまちそれは薪になり、ストーブにくべれば灰になり、雲散霧消して無に帰するのです。

もし机という実体があるならば、それはつねにすべてのものにとって同一の実体と機能をもつはずなのですが、現実には私はその上で本を読むが、子供はその上に飛び上がって遊び、猫は寝台として寝そべり、犬は寄ってきて片足をあげる。そのようにさまざまな認識と効用が起こるのは、その机に机という実体がないからなのです。

五　空の智慧

智慧の完成

『八千頌般若経』（第二九章）はいいます。「あらゆるものが名前だけ、言語表現だけで述べられるにすぎないということから、智慧の完成（般若波羅蜜）に近づくべきである。しかし、いかなるものについての言語表現もなく、いかなるものから〔生じる言語表現〕もなく、いかなる言語表現も存在しないのである。あらゆるものは言語表現を離れ、表現されず、言説されないということから、智慧の完成に近づくべきである」と。

空の思想というのは転換の思想なのです。『八千頌般若経』は、菩薩の修行徳目である布施《ふせ》・持戒《じかい》・忍辱《にんにく》・精進《しょうじん》・禅定《ぜんじょう》・智慧《ちえ》が六種の完成（六波羅蜜）といわれる理由を説明しています。

「アーナンダ（阿難《あなん》）よ、お前はどう思うか。もし布施が一切智に転換されないならば、それは布施の完成という名前を得るであろうか」

アーナンダ長老はいった。

「そうではありません、世尊よ」

世尊はお続けになった。

「アーナンダよ、〔一切智に〕転換されていない持戒、転換されていない忍辱、転換されていない精進、転換されていない禅定について、お前はどう思うか。アーナンダよ、お前はどう思うか。一切智に転換されていない智慧は、智慧の完成という名前を得るであろうか」

アーナンダはお答えした。

「そうではありません、世尊よ」

世尊はお続けになった。

「アーナンダよ、お前はどう思うか。多くの幸福の原因となる行為（善根《ぜんごん》）を、一切智に転換させるという仕方で発展させる、その智慧は不思議ではないか。……だから、アーナンダよ、その智慧は最高のものであるから、完成（波羅蜜）という名前を得るのである。そしてその智慧によって一切智に転換された多くの善根が、完成という名を得るにいたるのである」

転換の原理

ここでいわれていることは、智慧の完成（智慧波羅蜜）、いいかえれば、空の智慧が布施・持戒・忍辱・精進・禅定という他の世俗的な五つの徳目を、仏陀の一切智という出世間的なものに転換してしまうということなのです。世俗の善を聖なる智慧に転換し、また聖なる智慧が世間の道徳にもなる、という転換を可能にしているものが、じつは空の智慧なのです。

いま、「転換」と訳しましたことばは、普通、「廻向《えこう》」（パリナーマナー、動詞形パリナーマヤティ）といわれる語です。廻向といいますのは、善根の功徳《くどく》を、さとり、一切智にふりかえること（菩提廻向）、あるいは、自分の功徳を他人に与える、ふり向けることであります。前のほうは内容の転換であり、後のほうは方向の転換にあたります。

この廻向は大乗仏教ではきわめて重要な役割をもつ術語でありますが、このような転換はものが空であるからこそ可能になるわけです。いまは廻向の思想に深く立ち入ることはできませんが。

第四章　龍樹の根本的立場

一　空の思想家・龍樹

般若経とならんで、空の思想の発展に大きな寄与をしましたのは、二世紀なかばから三世紀なかばまでに、南インドを中心に活躍した思想家、龍樹《りゅうじゅ》（ナーガールジュナ）であります。龍樹については鳩摩羅什《くまらじゅう》の訳になる伝記がありますが、伝記というよりも伝説であって、龍樹の人柄を彷彿させるメリットはあるにしても、史実を伝えているわけではありません。

しかし、龍樹が、西暦紀元前後の数世紀にわたって、南インドで繁栄したサータヴァーハナ朝アンドラ王国の一王と親交をもち、その宗教的な師であったことは、この地方にあるナーガールジュナ・コンダといわれる遺跡の存在からも、また、龍樹がこの王朝の一王に与えた教訓的書簡『スフリッレーカ』（『龍樹菩薩勧誡王頌《かんかいおうじゅ》』）や、同じ性質の著書『ラトナーヴァリー』（『宝行王正論《ほうぎょうおうしょうろん》』）などが残っていることからも推定されます。この二書は、王にたいして世間的な道徳や治世の道と解脱への道とを説いたものです。

龍樹には多くの書物が帰せられていますが、『中論《ちゅうろん》』『廻諍論《えじょうろん》』『ヴァイダルヤ・プラカラナ』（『広破論《こうはろん》』）『因縁心論《いんねんしんろん》』などは、空思想をきわめて論理的に解明したものとして著名です。『十地経《じゅうじきょう》』の注釈であり、中国や日本の浄土教にとっても重要な書物である、大部な『十住毘婆沙論《じゅうじゅうびばしゃろん》』もその著書と考えられます。また『二万五千頌般若経』の注釈であり、鳩摩羅什の漢訳だけで残る『大智度論《だいちどろん》』も、龍樹以後の中観《ちゅうがん》学者たちの加筆が多いとはいえ、基本的には龍樹の思想を中核としている書物です。

『中論』は二十七章からなる、すべて韻文で書かれた哲学書です。仏教の一般的な立場から十二縁起と誤った見解を取り扱う第二六、二七章を除いて、他の章はさまざまな主題について、空の思想を鋭い論理によって徹底的に究明しています。それらの主題の多くは、小乗仏教の経典解釈学であるアビダルマの術語です。

たとえば、因果、十二処、十八界、五蘊《うん》、六界（地・水・火・風・空・識）、貪欲、三相（有為の法のもつ生《しょう》・住《じゅう》・滅《めつ》の性質）、犢子部《とくしぶ》の主張する人間主体、実体、行為（業）、貪・瞋・痴の三毒、四諦、涅槃と輪廻などで、これらの主題を分析・批判して、最高の真実としての空を導き出しています。仏教以外の学派の主張する自我（アートマン）の問題は第一八章に論じられています。

インドでは龍樹の後継者たちは、龍樹を始祖とする自分たちの学派を中観派（マディヤマカ）と呼ぶようになりました。鳩摩羅什が五世紀初頭に中観派の思想を中国に紹介しましたが、中国・日本ではこの学派は三論宗《さんろんしゅう》と呼ばれました。三論とは『中論』『百《ひゃく》論《ろん》』『十二門論《じゅうにもんろん》』の三書のことで、中国・日本ではこの三書を拠り所としてこの学派の思想を研究しましたので、三論宗というようになったのです。日本の南都六宗《なんとろくしゅう》のなかに三論宗も含まれています。

二　無執着としての空

以下、『中論』のなかの重要な章に現われる龍樹の詩句を紹介しながら、彼の空の哲学を解説していきます。

自我の考察

最初は第一八章に拠りながら、龍樹の基本的立場を説明いたしたいと思います。第一八章は十二詩節からなる比較的短い章です。最初の四詩節と第六詩節とは自我について論じ、その他の詩節は空の真理について論じています。

この章の表題は版本によって、「自我の考察」「事物（法）の考察」あるいは「自我と事物の考察」というように、さまざまですが、私にはこの章は、さきに般若経について話しているあいだに触れました三三昧《さんざんまい》（三解脱門《さんげだつもん》）についての考察であるように思えます。この章の詩句の基調となっているのは、無執着つまり無願《むがん》と、認識とことばの対象の否定（無相《むそう》）、そして最高の真実としての空であるように思えるからです。

もし自我が身心の諸要素〔蘊〕と同一であるならば、それは生滅するものとなろう。身心の諸要素と別ならば、その諸要素の特徴のないものとなろう。（一八・一）

自我がないときに、どうして自己の所有〔我所《がしょ》〕があるであろうか。自我と自己の所有の消滅によって、人は自我意識もなく所有意識もない者となる。（一八・二）

自我意識、所有意識を離れた人もまた存在しない。自我意識や所有意識を離れた人がいると見る者は〔真実を〕見ない。（一八・三）

内と外とに、「われ」もなく「わがもの」もなければ、執着〔取《しゅ》〕は滅し、この消滅によって再生も尽きる。（一八・四）

執着の消滅

第四詩節は明らかに執着、術語で「取」といわれるものを主題としています。四諦や連鎖縁起説――縁起説については、のちほどまとめて論じます――のなかで、愛〔渇《かつ》愛《あい》〕は無明《むみょう》とならんで苦のもっとも重要な原因とされていますが、十二縁起説において愛の直後にくる取（執着）とは、愛着の対象を「自分のものとして取り込むこと」です。たとえば、ある女性を愛した男が、この女性を妻とし、自分のものとして専有しようとするように、対象にたいする愛着がさらに強くなって、それを自分のものとすることが執着なのです。その煩悩が誤った業を引き起こして、その人を輪廻転生の世界につなぎ止め、この世での死後にふたたび生まれかわらせるわけです。そのために輪廻の苦からの解放、すなわち解脱が得られないのです。

つぎにくる第五詩節は、その解脱がどうして可能となるかを説くわけですから、この第四詩節に直接につながっているといえます。そしてこの詩節に先立つ第一から第三詩節までは、執着の最たるものである自我意識と所有意識を論じていて、いわば第四詩節への導入となっているのです。私がさきに、最初の四詩節は無願三昧に言及しているのであり、第五詩節以下が空と無相の三昧にあたる、と申しましたのはそういうことなのです。

五蘊と自我

身心の諸要素と申しますのは、いままでに何度も出てきました五蘊のことです。有情の個体存在とその環境を構成する物質・感覚・表象・意欲・識別作用であり、またすべての存在を総括するものです。小乗仏教のアビダルマでは、五蘊という有為のほかに、涅槃や虚空のような無為の存在をも認めていましたが、経量部《きょうりょうぶ》や龍樹は無為の存在を認めませんから、五蘊は文字どおりにあらゆる存在を意味します。しかもその五蘊は生じたり滅したりする無常な存在です。

仏教以外の多くの他の宗教や学派が主張する自我は、生滅変化を超えた常住な実体なのですが、もしその自我が五蘊の全体あるいはその一部分と同じものであるならば、自我も五蘊のように生滅変化するものとなって、不変不滅の実体というその定義に背いてしまいます。そうかといって、自我が五蘊以外のものであるとすれば、いいかえれば、五蘊の性質をもたないものであるとすれば、そのようなものは存在いたしません。五蘊だけが存在するものであるからです。

この龍樹の議論は、「自我が五蘊と同じであれば、それは生滅するものである。自我が五蘊と別であれば、それは存在しない」というディレンマになっているのです。ディレンマは龍樹の論理の核心ともいえるものです。

解脱の主体

我・我所とまとめていわれることがあるように、我所、つまり、自我に属するもの、自我の所有物が、自我と併称されます。たとえば、ある人の身心というものは、その人の自己、自我に所有されているものですから、身心つまり五蘊という所有物があれば、その所有の主体である自我もなければならない、という反論が予想されます。龍樹は、しかし、自我がないときに、どうして身心を自我に属すると見なすことができるのか、といって、この反論を寄せつけません。

自己と自己の所有物がなければ、人は自我意識と所有意識とをもたないもの、となります。しかし、自我がないという意識あるいは思想、自己の所有がないという意識あるいは思想は、だれかに帰属しなければなりません。いいかえれば、自我意識と所有意識とをもたない人がいなければ、自我意識、所有意識から離れるということも成り立たない。解脱するといったところで、解脱する主体としての人がいなければ、解脱そのものもありえないはずである、という反論が予想されます。

しかし、そのようにどこまでも解脱の主体を立てるのも自我意識への執着にほかならないのであって、そう考える人は空の真理を見ていないのだ、と龍樹はいいます。再生からの解脱とは、解脱の主体をも必要としないという空の真理そのものである、と龍樹はいうのです。

三　認識とことば

計らいと多様な思い

行為と煩悩が尽きることから解脱がある。行為と煩悩は計《はか》らい（分別《ふんべつ》）から生じる。それら〔の計らい〕は多様〔な思い〕による。そして多様〔な思い〕は空性において滅せられる。（一八・五）

心の対象が止滅するときには、ことばの対象は止息する。というのは、ものの真理（法性《ほっしょう》）は涅槃のように、生じたものでも滅したものでもない。（一八・七）

他のものをとおして知られず、静寂で、多様〔な思い〕によって多様化されず、計らいを離れて、種々性を超える。これが真実の形である。（一八・九）

議論の一貫性を保つために第六と第八の二詩節は省略いたします。私たちの迷いの生存が、行為にともなわれた煩悩から引き起こされる、というのは仏教の通説であります。その煩悩とそのうえになされる行為とが尽きれば、迷いの生存からの解放つまり解脱が達成されます。その煩悩と行為の根拠を龍樹は計らいに求めます。六世紀の注釈家、清《しょう》弁《べん》によりますと、計らいとはある対象を「好ましいとか好ましくないとかと構想する」ことであります。

計らい、とやや柔らかくここで訳したことばは、術語で「分別《ふんべつ》」（判断・思惟）というものです。分別といいましても親が息子を叱って「少しは分別をもて」というような分別ではありません。仏教で分別（ヴィカルパ）というのは、「二つに分けること」、つまり、判断あるいは分析的な思惟のことで、これはいつでも人の迷いの根拠という芳しくない意味で使われます。

この計らいは、たとえば価値判断を例に取れば分かりやすいと思います。人でも物でも、あるものを「これは好ましい」「これは好ましくない」と判断すると、その判断のうえにその対象に執着したり、逆にそれを避けたりする煩悩と行為とが起こってきて、そこに迷いの生活が生じます。龍樹はこの計らいの根拠をさらに追求して、計らいは「多様な思い」によって起こる、といいます。

鳩摩羅什はこの「多様な思い」を「戯論《けろん》」と訳しました。戯論とはざれごとという意味ではなく、彼はおそらく、さまざまなことばというような意味で戯論といったのでしょう。いずれにしても原語プラパンチャはある単一なものが種々様々に発展することです。『スッタニパータ』のなかに出るこのことばのパーリ語形（パパンチャ）を、中村元氏は「ひろがりの意識」と訳し、K・R・ノーマン氏は「多様化」(diversification) と訳しています。本来は単一で静寂であったはずのわれわれの意識が、多元的になり、複数に発展することです。

あるいは多様化とは、単一で全体的であった直観の世界を、われわれが複数の概念に分割することである、ともいえます。分別つまり判断は主語・術語・繋辞という、少なくとも三個の名辞あるいは概念がなくては成り立ちません（サンスクリット語やパーリ語ではしばしば繋辞は省略されますが、それでも二個の名辞が必要です。概念は観念ですが、それがことばによって表現されたときに名辞といいます）。

推理とか思惟とかいう高度な概念知においてはそれらの判断が組み合わされて数多くの概念が必要になります。要するに、判断とか思惟という計らい（分別）の根拠は、複数の、多様な概念にあるわけで、その意味でも、計らいは多様な思いから生じる、といわれるわけです。

直観の世界

第七詩節で龍樹はわれわれの純粋な、単一で全体的な意識、いいかえれば直観の世界を描いています。彼によれば、そのような世界こそがものの本性（法性）、真理であって、それは人間の概念による限定を拒否するものなのです。

たとえば、私がある部屋に入った瞬間には部屋全体が一挙に私に直観されていて、私の意識と部屋との分裂もありません。それは私の意識でもなく、部屋でもないというような世界です。しかし、一瞬後には、私は、これは天井である、これは机である、これは壁である、これは人である、というように分析を始めます。

そのような概念による分析によって、認識は明晰性を増していくのだ、とふつうは考えますが、はたしてそうでしょうか。天井を判断し、机や人を判断しているときには、直観のなかにあった単一性や全体性は、分断されて失われてしまうのです。それはじつは本来の世界を人間的に分析し、そのためにもともとの直観の純粋性を破壊してしまったことになります。

龍樹はいいます。心の対象、厳密にいえば、対象の概念化が止滅している直観の世界では、ことばの対象、すなわち、対象の言語化も存在しない。そのように概念やことばの生じたり、滅したりすることのない世界が、本当のありのままの真理であって、それは涅槃によって譬えられる。その真実はそれ自体として直観されるものであって、他のもの、つまり、概念やことばや、他人の教えによって知られるものではない。種々性、多様性にもとづいて起こる計らいや判断や思惟を超えている、その意味で絶対に静寂なものである。それがヨーガ行者が深い瞑想のなかで把握している真実なのであります。

四　ことばを超えたもの

美しい茶碗

多様な思いから起こる計らいによって煩悩と行為が起こるから、迷いの生活に陥って、解脱することがない、ということは、ちょっと分かりにくいことかもしれません。つぎのような状況を想定してみましょう。

私が町を散歩していて、一軒の古物商の店さきにある美しい茶碗を見たとしましょう。見て、美しいな、と感じているかぎりでは、私は平和で迷いもありません。しかし、待てよ、ひょっとするとこの茶碗は、本阿弥光悦の作った名器ではなかろうか、と私が計らい始めたとしましょう。その価値判断にもとづいて、私は金儲けの煩悩を燃やし、有り金をはたいて、その茶碗を買い込むとしましょう。儲かると思っていたのですが、その茶碗を鑑定してもらいましたら、まっかな贋作であると分かって、私は大損をしてしまいます。落胆して死にたいとも思うかもしれません。

さて、茶碗を愛でている直観の世界には、多様な思いも、計らいもありませんでした。しかし、待てよ、これは名作か贋作か、きっと名作だ、と判断したときには、もとのありのままの美しい姿の茶碗はどこかへ行ってしまって、計らいと煩悩と買い込むという行為だけがあります。

茶碗はそれみずからが、自分は名作だとも言いはしませんでした。贋作だとも言いはしませんでした。それを名作だと判断したのも、贋作だと知って気落ちしたのも、すべては私の判断であり、思惟であるにすぎません。茶碗自体は私の計らいを超えて、もとのままで美しく輝いているのです。それはもともと名作でもなく、贋作でもなかったのです。私は、自分自身の計らいと煩悩に踊らされて、つまらぬ行為をしてしまった、ということなのです。

その迷いの生活から抜け出る道は、どこにあるのでしょうか。あまりにも人間的な、多様な思い、判断、思惟、それに続く煩悩と行為を捨てた、空の世界に帰るよりほかないのです。空とは、人の概念、ことば、判断、思惟、煩悩、行為のないことにほかなりません。

眼の前の蚊

七世紀の『中論』注釈家チャンドラキールティは、つぎの譬えによって空を説明しております。眼翳のある人、いまでいえば白内障か飛蚊症《ひぶんしょう》のようなものでしょうか、眼の前にチラチラと蚊のようなものが飛びかかっています。なんでこんな蚊がいるのだろう、といぶかって逆立ちしてみたり、転げ回ってみたりするのですが、どうしても蚊はいなくなりません。友人に訴えて、蚊が飛んでいる、といいます。友人は、それは蚊がいるわけではなくて、お前の眼が悪いから影が見えるだけなのだ、と教えてやります。なるほどそうか、と分かりはしましたが、相変わらず蚊は飛び回っています。眼医者に行って治療をしてもらいましたら、蚊がいなくなりました。

さてここで、これは何であったのかと考えます。蚊は見えていたけれども、実際にいたわけではありません。治療をしたあとで蚊は見えなくなったのですが、もともと蚊がいたわけではありませんから、蚊がいなくなった、ということもいえません。初めからなかったものが、なくなるわけはないのですから。すると、この蚊はいたのでもなく、いなくなったのでもない、としかいえないわけです。空とはそういうことである、とチャンドラキールティは言うのです。

さきの茶碗の譬えでも、茶碗は初めから、名作であったのでもなく、名作でなかったのでもありません。名作、名作でない、ということは私が勝手に考えたことであって、茶碗自体にはかかわりのないことです。

ものそのものは空

龍樹はさきの第七詩節で、法性《ほっしょう》、いいかえれば、空の真理は生じたものでもなく、滅したものでもない、と言います。ここでは、生と滅を矛盾概念として扱っていますから、これは、生じたのでもなく、生じていないのでもない、といいかえてよいわけです。そしてあるものについて、生といい、滅というのはあくまでも人間の概念、ことばにかかわるものであって、ものそのものは、生じたのでもなく、生じていないのでもない、というのです。

すなわち、ものそのものは人の概念やことばを超えている、その意味で空である、といっているのです。チャンドラキールティの譬えでも、蚊はあったのでもなく、なかったのでもないのです。有と無とをともに超える、というのが、空としてのもののあり方になるわけです。第七詩節は般若経の空三昧にあたるといえるでしょう。

第九詩節では、空の真実は他人によって教えられるのでもなく、多様な思い（概念）や判断・思惟をも超越している、と言っています。要するに瞑想のなかで直観されている最高の真実は、人間の概念やことばによっては認識されない、特徴をもって規定されない、と言っているのですから、ここは無相三昧にあたるといえましょう。この第一八章をしいて三解脱門によって解釈しなくてもよいのですが、私には、龍樹はここで、自分の基本的立場を示そうとして、三解脱門に準じて記述したように思えるわけです。

第五章　空の論理

一　有でもなく無でもない

実体と空

説一切有部の学者たちによれば、私たちの思惟のなかにある火というものは、変化せずに、永遠に実在するものであって、それが燃える作用と結合して現在の一瞬に現象するものが、知覚される火でありました。こういう不変・不滅の実在のことを有部は自性《じしょう》、自体《じたい》（スヴァバーヴァ）とか、自相《じそう》（スヴァラクシャナ）、あるいは実《じつ》（ドラヴヤ）などと呼んでいました。龍樹はふつう同じものを自性（スヴァバーヴァ）と呼んでいます。

西洋哲学ではこのような概念を実体とか本質と呼びます。知覚され、生成変化するさまざまな性質、状態、作用というような現象の根底に横たわり、自己同一にとどまり、恒常な存在であり、またそれ自身の存在のために、ほかのなにものをも必要としないものであります。現象するものが偶然的であるのにたいして、実体は本質的であるといわれ、また現象する個物はその実体あるいは本質に与かることによって存在する、と考えられています。

有部はそのような実体が多数（十八種、さらに細分すれば七十五種）存在する、と主張したのですが、般若経や龍樹は、実体とは概念、ことばの実体視されたものにすぎず、実在するのではない、だから、その意味で、あらゆるものは実体をもたず、空である、と言いました。

空ということは無あるいは無存在ということではありませんで、さきにも言いましたように、あるのでもなく、ないのでもない、ということです。空はしばしば夢や幻に譬えられます。夢のなかで見るもの、また魔術やヴィジョンというものは、実在するわけでもなく、また、見えている以上は、まったくないともいえないわけです。世の中にあるものはすべてこのように、あるのでもなく、ないのでもない、だから空である、ということになるわけです。

机と肥壺

実体とか本質といいますと、私たちの日常生活とは関係ないようにも思われますが、けっしてそうではありません。たとえば、教室にはたくさんの机がありますが、ひとつひとつの机、個物としての机は、机という本質を分かちもち、それに与かることによって机と呼ばれるわけです。机は机の本質をもっているのだから、机以外のほかのものにはならない。

そして、そのような実体は、程度の差こそあれ、神聖視されるのがつねであります。したがって、机の上に腰掛けてはいけない、とか、寝そべってはいけない、ということになるわけです。小学校にいたころ、机に腰掛けていると、先生がやって来て、机に腰掛けるな、と叱られたものでした。これは、机は机の実体をもっているので、椅子ではないから、腰掛けるべきものではない、という観念がみなに共通してあったからです。

西洋で原子とならんで実体とされるものは、神であります。神は生まれてきたのでもなく、死にもしない、不変で、永遠の存在です。そしてもっとも神聖な存在であります。

だいぶ前のことですが、家の改築をしたときに、縁の下から使ってない肥壺が出てまいりました。眺めてみると、焼きも悪くなく、形もよいものでしたので、私は庭に穴を掘り、壺を三分の二ほど土に埋め、水をはり、藻を浮かべて金魚を入れました。あくる日、大工さんがやって来て私にいいました。旦那、肥壺に金魚など飼ったらいけませんぜ、というわけです。私はいいました。これはまだ使ってない壺ですよ、おまけにいまは水をはって金魚が泳いでいるのだから、これは金魚鉢であって肥壺ではないのです、と。壺は肥壺としての実体も、金魚鉢としての実体も持っているわけではありません。使い方しだいでなんにでもなるわけです。土を入れて植木を生ければ、植木鉢なのです。空とはそういうことなのです。

実体の定義

龍樹は『中論』の第一五章で実体の定義を与え、ついでそのような実体が存在しないことを論じています。

ある実体が原因や諸条件によって生じることはありえない。原因と諸条件から生じた実体は作られたものとなってしまう。（一五・一）

けれども、どうして実体が作られたものでありえようか。というのは、実体とは、作られたのでないもの、他のものに依存しないものであるから。（一五・二）

ものが本質としての存在性をもつならば、それは非存在となることはないであろう。なぜならば、本質（プラクリティ）にはけっして変化はありえないからである。（一五・八）

この三つの詩節は、有部やそのほかの実在論者の考えている実体を、みごとに定義しています。実体とは、みずからの存在のために、いかなるほかのものをも必要としない、自立的な存在であります。ですから実体が原因・条件から生じることはありえません。実体はあくまで自己同一性を保つ恒常な存在ですから、けっして変化いたしません。実体が無存在に帰するということはありえないのです。

龍樹は第八詩節では、実体にたいして、プラクリティという、サーンキヤ学派が世界原因としての原初的実体の意味で用いる語を使っています。そのため、この詩節はサーンキヤ学派批判のためのものである、という解釈も可能になります。しかし、龍樹はある特定の学派を念頭においていたとしても、その特殊な教義を基本的なものの考え方に還元して批判するのがつねですから、ここでも、一般的な「本質」として理解してよい、と私は思います。第二と第八詩節のあいだには、実体を自・他・存在・無存在に分けて考察する五詩節が挿入されていますが、論理的には、第二詩節から第八詩節につながると見てさしつかえないでしょう。

四種の実体

実体にあたるスヴァバーヴァ（svabhāva）というサンスクリット語は、文字どおりには（svo bhāvaḥ）「自体的存在、自己存在」を意味し、そこに「自の」という意味が含まれているために、「他体的存在、他者存在」という語を暗示いたします。いずれも実体の意味に変わりはないのですが。

そこで龍樹は、実体を自己の存在（sva-bhāva）・他者の存在（para-bhāva）・存在そのもの（bhāva）・無存在そのもの（a-bhāva）という四種に分けて、議論を展開いたします。

自己存在がないときに、どうして他者存在があるであろうか。というのは、他なる存在における自己存在が、他者存在といわれるのであるから。（一五・三）

自己存在と他者存在とを離れて、どうして、存在そのものがありえようか。というのは、自己存在と他者存在とがあってはじめて、存在そのものが成立するのであるから。（一五・四）

もし存在そのものがありえないならば、無存在そのものはけっして成立しない。というのは、人々は存在そのものの変化している状態を、無存在というのであるから。（一五・五）

自己存在と、他者存在と、存在そのものと、無存在そのものとを見る人々は、仏陀の教えにおいて真実を見ることがない。（一五・六）

『カーティヤーヤナへの教え』のなかで、存在と無存在とを正しく知っている世尊は、「ある」と「ない」とをともに否定した。（一五・七）

存在そのもの、存在自体（バーヴァ）という言い方は、実体の観念をよく言い表わしています。この存在、あの存在というものを離れては、私たちはものというもの、存在そのものを見ることはできません。しかし、ことばのうえからは存在そのものという表現もできますし、それが実体観念になってゆくわけです。

仏教には古い時代から、あるものを考察するときに、A、B（＝非A）、AかつB、非Aかつ非B、という四句に分けて吟味する習慣がありました。ふつう四句分別《しくふんべつ》と呼ばれていますす。これはさまざまな形でさまざまな主題に適用されていて、かならずしも論理的に一定の意味で使われているわけではありませんので、ここで深く立ち入ることはいたしません。

龍樹は、サンスクリット語で「実体」を意味する語が「自己存在」をも含意するので、他者存在という言い方を引き出し、自己存在と他者存在に共通する存在そのものと、その矛盾概念である無存在そのものとをも、引き出したのでしょう。そして『カーティヤーヤナへの教え』という有名な経典にある、「ある」と「ない」とに結び付けたわけです。『カーティヤーヤナへの教え』には「カーティヤーヤナよ、この世間の人々は概して二つのものに執着している。ある、ことと、ない、こととにである」という仏陀のことばが現われるのです。

空は相対性

空ということが、「ない」ということではなくて、「あるのでもなく、ないのでもない」を意味することはすでにお話ししましたが、たとえば長と短ということを考えてみましょう。十キロメートルというものは、五キロメートルに比べれば長いのですが、十五キロに比べれば短いわけです。すると十キロには、長と短とのいずれかの本性があるわけではないことが分かります。

ほんとうは十キロは、長くもあり短くもある、のですが、これはそのまま、長くもなく短くもない、ことと同じです。長くもあり短くもある、ということは、ある長さ、には距離という実体はないことを意味しますが、しかしそれは長さがまったくない、ということでもありません。ですから十キロには距離はなく、また距離がないのでもない、ということになります。ものが相対的であるということはそういうことですが、空ということも相対性といいかえることもできるのです。

もし本質がないならば、変化というものはなにものの〔変化〕であろうか。しかし、本質があるときには、変化はなにものの〔変化〕であろうか。（一五・九）

実体、あるいは本質とは変化しない、恒常なものでありますが、現象の世界におけるすべてのものは、つねに変化する無常なものです。本質は自己同一性を保つのですが、この同一性と変化とは相対概念です。私たちが変化を考えるときには、同一性を前提にしています。同一性というときには、変化にたいする同一性を考えているわけです。「変化する」とは、「なにかが変化する」のであって、この「なにか」がないときには、「変化」は考えられないのです。その「なにか」が同一性にあたるわけです。ですから、同一性がなければ変化は考えられませんし、変化を考えずに同一性を問題にすることもできないのです。

ことばと実在

ことば、厳密には、ある概念というものは、つねに世界（論議領域）を二つに分けます。Aといえば、世界はAとA以外のもの、すなわち非Aとに、二分されるわけです。これは私たちのことばの基本的な性質です。そこで、私たちはAを考えたり、語ったりするときには、かならず、背後に非Aを予想し、前提しているのです。しかし、それは私たちのことばによる判断、思惟の習慣であって、じつは、Aと非Aとを実在すると考えますと、たちまちに矛盾が生じてきます。Aという自己同一的な本質がなぜ変化するのか、ということになるからです。

六世紀に活躍した仏教論理学者の陣那《じんな》（ディグナーガ）は、ある概念はその矛盾概念の否定として成り立つのであって、実在する対象に言及するものではない、というアポーハ（他の排除）の理論を説きました。Aという概念は、非Aの否定としてあるだけであって、Ａに相当する実在にかかわるのではない、というのです。実在論者は、たとえば、赤・白・黒・斑などの個々の牛には牛性、あるいは牛一般という実在する種、いいかえれば、実体としての牛、が内在している、と考えます。しかし、陣那は牛の種というものは実在するのではなくて、牛という概念はただ牛でないものを否定し、それから区別されて成立する観念にすぎない、というのです。

それと同じように、龍樹は、本質という概念は本質でないものの否定としてあるだけである、同一性という概念も、非同一性つまり変化性の矛盾概念としてあるだけであるから、本質や同一性という概念に積極的な内容があるわけではない、というのです。いいかえれば、そこに本質とか同一性という実在を想定してはならない、というのです。概念というものは、つねにその矛盾概念との相関関係において成り立つものであって、実在にはかかわらない、といっているのです。

実体というものも、現象の矛盾概念として成立するだけであって、実体という概念に応じた実在があるわけではないのです。本質を実在するものと考えれば、本質があっても、なくても、現実の事実である、ものの変化が説明できなくなるではないか、と龍樹は指摘しているのです。しかも、現象がつねに変化する無常なものであることは、誰でも認めないわけにいかない事実ですから、本質を実在すると考えるな、というのです。

二　ものは何から生じるか

因果の否定は『中論』においてもっとも重要とされたもので、これを集中的に論じている第一章をはじめ、あちらこちらの章に断片的に扱われています。龍樹は、原因と結果の関係がない、といっているわけではありませんで、原因と結果のそれぞれを実体として考えると、因果関係が成立しなくなる、いいかえれば、すべてのものが空であるときにこそ、因果関係は成立するのである、といっているのです。

ものは、いかなるものでも、どこにあっても、けっしてそれ自体から、他のものから、自他の二から、また原因なくして生じたものではない。（一・一）

ここでも龍樹は結果から見て、原因とは結果それ自体である、他のものである、自体と他体の両者である、自体でもなく他体でもない、という四句分別によって議論を進めてまいります。第三句の、自と他との両者というのは、原因は結果にとって自体と他体との複合・集合である、という意味でありますし、第四句の自体でもなく他のものでもない、というのは、けっきょく、ものは無因、つまり、まったく偶然に生じる、という意味になります。

それ自体から生じるか

ものがそれ自体から生じる、というのは、たとえば壺がその壺自身から生じること、いいかえれば、原因と結果とがまったく同一である場合をさします。他のものから生じる、というのは、結果がそれとは別なものから生じること、たとえば壺は粘土から生じるが、その粘土は壺にとっては他者である、と考える場合です。原因と結果とはたがいに異なっている、とする場合です。

原因が結果の自体であり、結果と同一であるとすれば、壺はその壺自身から生じることになります。考えてみますと、壺がその壺自身から生じる、ということは、原因なくして生じる、ということとじつは同じになってしまって、不合理きわまることになります。また、その同一性という本質は、結果を生じさせるという機能そのものである、と考えれば、壺はつねに、無限にそれ自身から生じ続けることになってしまうでしょう。

他者から生じるか

けれども、原因が結果にとって他のもの、それと異なったものであるとすれば、異なった、ということは無関係ということですから、壺は糸や毛皮などからも生じる、ということになります。粘土も糸も毛皮も、壺にとって他者である点では変わりがないからです。だから、ものがそれとは別なものから生じる、ということも不合理なことになります。

『中論』の注釈家たちは、自体から生じない、というのはサーンキヤ学派（数論派《すろんは》）にたいする批判であり、他から生じない、というのはヴァイシェーシカ学派（勝論派《かつろんは》）にたいする批判である、というのがつねです。

たしかに、サーンキヤ学派は、質料的な世界原因ともいうべきプラダーナ（原質。根本原因）というものがあって万物に転変するのだから、それがあらゆるものの本質である、と主張します。たとえば、金塊は、王冠となり、神像となり、酒器となって変転しても、つねに金という本質を変えない、というようなものです。

また、ヴァイシェーシカ学派は、原因・条件が集まったときには、もともと存在しなかった新たな実体が生じる、だから結果は原因とは別である、と主張します。陶工が粘土をろくろにかけ、火で焼きますと、粘土とは別な壺が生じます。織工が糸を織ると、糸の集合とは別個な実体である布が生じるのですが、その布は糸とは別なものである、というのです。

たしかに龍樹も、そのような他学派の思想を念頭に置いていたかもしれません。しかし、彼はいつでも、個々の哲学をその原理的な考え方に還元して一般的に議論するのですから、あまり具体的な他学派の思想をもち込まない方がよいと、私は考えます。

自他の複合から生じるか

第三の、自と他との両者、つまり一部分は自体であり、他の部分は他者であるような集合から結果は生じる、というのは、私たちにはいちばん分かりやすい考え方であるかもしれません。しかし、龍樹はこれにたいして、

原因・条件の一部分にも、総体にも、その結果は存在しない。原因・条件のなかになかったものが、どうして原因・条件から生じようか。（一・一一）

といいます。原因が結果の自体と他体との複合であったにしても、その場合のなかになかった結果が、なんでそれらから生じるのか、と批判しているのです。

注釈家たちは、自体と他体との複合という原因は、自体から生じる場合と他体から生じる場合との二つの誤謬をともにもつことになるから、これも不合理である、といっています。これはなにかごまかしのようにも聞こえますが、やはり正しいことです。なぜなら、龍樹はここで原因の本質を論じているのですから。

本質とか実体というものは自己同一的なもの、単一なものですから、それが自と他と

の複合であることはできないはずです。それは、自己同一性にとどまる単一者、という実体の本質に矛盾するからです。

原因なくして生じるか

第四句の、結果は無因から生じない、というのは、結果はその自体でもなく他体でもない原因から生じない、というのと同じです。それは結果は原因なくして、偶然に生じるということです。しかし、いま、因果関係を考察しているときに、原因なくして生じる、というのでは、因果関係を初めから否定しているのですから、問題にならないというべきでしょう。

もう一度繰り返しますが、龍樹は、因果関係そのものを否定しているのではありません。原因や結果を実体として考えると、因果関係が成り立たなくなるのですよ、といっているのです。

両刀論法

龍樹は昔からの習慣にしたがって四句分別（テトラレンマ）をも多く用いますが、いつでもそうではなくて、同じ議論を両刀論法（ディレンマ）で行なうことも多くあります。因果関係についてのディレンマはたとえば、

あるものが他のものによって生じるとき、前者は後者と同一でないし、また異なるのでもない。だから断絶しているのでも恒常なのでもない。（一八・一〇）

原因と結果とが同一であることはけっしてありえない。また原因と結果とが別異であることもけっしてありえない。（二〇・一九）

原因と結果とが同一であるときには、生ぜしめるものと生ぜしめられるものとが同じになってしまうであろう。けれど原因と結果が別異であるならば、原因は原因でないものと同じになろう。（二〇・二〇）

これは議論としては上にご紹介したものと同質のものですが、ここでは四句分別のかわりに両刀論法が用いられています。前にも申しましたが、この議論は経験的な立場で

因果を考えているのではなくて、本質的な立場から因果を吟味しているのですから、原因と結果とをともに実体として捉えます。実体や本質は単一、自立、不変で恒常的なものですから、選言肢は同一と別異との二つである方がほんとうです。原因が自と他との複合であるということは、ありえないことなのです。

これはディレンマでもいわゆる破壊式にあたります。原因と結果とは同一であるか、別異であるか、ということを大前提とし、小前提において、原因と結果とは同一でない、および、原因と結果とは別異でない、といって、後件を否定しているからです。そして結論において、原因が結果と同一であっても、別異であっても原因・結果の関係は成り立たない、と破壊しているからです。

このディレンマを二つの議論に分解しまして、「もし原因と結果とが同一であれば、原因は結果と同じになってしまう」と「もし原因が結果と異なるならば、原因は結果と無関係なものとなってしまう」としますと、そのひとつひとつは、帰謬法《きびゅうほう》（プラサンガ、reductio ad absurdum）と呼ばれる議論になります。これも龍樹はいたるところで使っています。

帰謬法

帰謬法というのはこういう形をとります。たとえば、ある山に煙が立ち昇っているのを見て、その山に火があることを論証したい人がいるとします。ほかの人が、この山には火はない、と反対するとしましょう。この反対意見を破壊することによって、その逆の命題、つまり、この山に火がある、を間接的に論証することができます。それを帰謬法というのです。

この論証はこうなります。「この山に火がない」という相手の主張を仮定して、もしこの山に火がないならば、「そこに煙もないはずである」と論じ、現に立ち昇っている煙を指摘して、「この山に煙がない」という引き出された結論の誤りであることを論証し、したがって仮定された「この山に火がない」ということが誤りであること、いいかえれば、「この山に火がある」ことが正しいと論じるものです。

この場合「この山に火がない」ということは、立論者にとっては真ではなく、あくまで仮定にすぎません。そして演繹された「この山に煙がない」という結論は、立論者にとっても反論者にとってもともに偽である、不合理なものであることが、帰謬法の特徴です。

この帰謬法というのは、ふつうの定言的な三段論法を変格すれば、簡単にできるものです。右の議論は三段論法では、

煙のある所には火がある。(p)

この山に煙がある。(q)

ゆえに、この山に火がある。(r)

と書けます。この定言論証を助ける、反証的な間接論法としての帰謬法は、

火のない所に煙はない。(＝煙のある所には火がある。)(p)

この山に火はない。(とすれば)(仮定。―r)

この山に煙はない(はずである)。(―q)

となります。大前提の「煙のある所には火がある」あるいはその換質換位で、意味の同じ「火のない所には煙はない」は自明のことですから、議論のなかで省略されることが多いのです。

龍樹のディレンマが二つの帰謬法に書き換えられることは、いうまでもなく明白です。
龍樹のいう「ものは他から生じない」ということを帰謬法で書いてみましょう。

ものは他者（それ自体でないもの）から生じる。

壺は糸の自体ではない。（とすれば）

壺は糸から生じる（という不合理なことになる）。

また、「原因は実体ではありえない」ということを帰謬法で書いてみましょう。

変化する原因が結果を生ずる。

（反論者によれば）実体は変化する原因ではない。（とすれば）

実体は結果を生じない（はずである）。

龍樹はさまざまな論法を用いていますが、なかでもディレンマと帰謬法とは龍樹の論理の本質をなすものといえるのです。

三　「行く者」は行かない

まず已《すで》に歩かれた所は歩かれない。また歩かれていない所はけっして歩かれない。已に歩かれた所とまだ歩かれていない所とは別の、いま歩かれている所は歩かれない（または「認められない」）。（二・一）

ゼノンの逆説

ギリシアの哲学者、エレアのゼノンのつぎのような運動の否定は有名であります。足の早いアキレスでさえも、もし亀が一歩でもその前を歩いているとすれば、けっして追いつくことはできない。なぜなら、アキレスが現在亀のいる点に到達するときには、亀はすでにいくらか前進しているわけであり、さらにアキレスがつぎに亀のいる点に到達するときには、亀はさらにいくらか前進しているわけである。こうして限りがないから、アキレスはけっして亀に追いつけない。

飛ぶ矢はじつは静止している。なぜなら、飛ぶ矢は各々の瞬間をとってみれば、それぞれの一定の点に静止している。それゆえ、矢はあらゆる瞬間に静止しているのであり、したがってまたその飛行の全時間においても、静止していなければならない。

時間にせよ、空間にせよ、過ぎ去られた行程（已去）と、これから過ぎ去られるはずの行程（未去）とには、過ぎ去るという運動はありません。しかし、その已去と未去とを除いて、現に過ぎ去られている行程（現去）というものは知られません（「歩かれる」gamyate という語は「歩かれる、行かれる」と「理解される」との二つの意味をもちます）。その現去というものは已去と未去との相接する一点であって、広がりをもたないものであるからです。

チャンドラキールティの運動否定

『中論』注釈家チャンドラキールティは、歩くという作用は、歩く人の足がいま覆っている場所において行なわれる、と考える反論者を予想して、いいます。そういう事態は厳密には、足の指の先端にある一つの原子について考えなければならない。その原子の後方にある場所は已去で、原子の前方にある場所は未去である。しかし、原子は大きさをもたないものであるから、原子が覆っているという現去の場所というものは、じつは存在しないことになる、と。

たしかに、大きさをもたない点あるいは原子というものを導入して、そこにおける運動を否定しているチャンドラキールティの議論は、ゼノンの逆説によく似ています。ギリシアとインドのあいだの文化的交流は、一部を除いて、なかなか文献のうえで確かめることはできないのですが、チャンドラキールティはゼノンの逆説のことを聞いていたのかもしれません。

歩く行為と歩かれる場所

もっとも、大きさをもたない原子の観念は、インドでもかなり早くから存在していましたし、仏教の唯識《ゆいしき》学派は、それを利用して外界の対象の存在を否定する議論を、すでに五世紀には行なっていましたから、七世紀のチャンドラキールティは、大きさをもたない原子を唯識派から借りてきたのかもしれません。

けれども、龍樹自身の運動の分析は、チャンドラキールティのものとは違っていました。龍樹にとっては、「いま歩かれている所」ということばに含まれる矛盾を暴露することのほうが、本質的な議論でありました。龍樹の反論者は第二詩節で「歩くことはいま歩かれている所」にある、というのですが、龍樹は「歩かれている所」という言い方はおかしいというのです。

歩くという行為があってはじめて「歩かれている所」があるのに、歩く行為とは別個に「歩かれている所」があるわけはない、というのです。「歩く行為は歩かれている所にある」という言い方は、歩く行為なしに歩かれている所がある、ということを含意するからです（第三—四詩節）。同じ「歩く行為は歩かれている所にある」ということは、そこに二つの歩く運動があるという誤りになる、と追及することができます。「歩く行為」のなかにある「歩き」と、「歩かれている所」にある「歩き」との二つが認められるからです（第五詩節）。第四、第五詩節をあげておきます。

いま歩かれている所に歩くことがあるという人には、歩くこととは別にいま歩か

れている所がある、という誤りがつきまとう。というのは、いま歩かれている所が〔さらに〕歩かれるのだから。（二・四）

歩かれている所に歩きがあるならば、二つの歩きがつきまとう。歩かれている所を成立させる〔歩き〕とそこを〔歩いている人の〕歩きとである。（二・五）

主体と運動

第六詩節以下では、この、歩かれる所と歩き、とは「行く者」と「行く運動」との関係に移されて論じられています。日本語では「行く者」という合成語は二語の感じを与えますが、サンスクリットのgantṛや英語のgoerは一語で「行く者」を表わします。

「行く者が行く」と主張する人には、行く運動なしに行く者がある、という誤りがつきまとう。「行く者」に〔さらに〕「行く運動」がある、と主張しているのであるから。（二・一〇）

もしも「行く者」が「行く」というのであれば、二つの行くことがつきまとう。

それによって「行く者」と呼ばれる〔その行く運動〕と、「行く者」となって「行く」〔その行く運動とである〕。（二・一一）

まず、行く者は行かない。行かない者もけっして行かない。行く者と行かない者とのほかに、いかなる第三者が行くのであるか。（二・八）

「行く者が行く」というときには、行くという運動と独立に「行く者」が考えられています。ということは「行く者」にもすでに「行く」運動があるということです。したがって、「行く者が行く」というときには、二つの「行く」運動があることになります。「行く者が行く」といえないのですから、「行く者」は行かないはずになります。しかし、「行かない者」が行くわけもないし、「行く者」と「行かない者」とのほかに、第三の行く主体はありません。

しかし、「行く」という運動が「行く者」という主体と独立にあることはできません。ですから「行く」運動は成り立ちません。「行く」運動が成り立たなければ、「行く者」もありえません。そうかといって、「行く者」と「行く」運動とが同一であるならば、主体と運動とが一つになってしまいます。かといって、その二つが別々であれば、「行く者」なしに「行く」運動があり、「行く」運動なしに「行く者」がある、という不合理に陥ります。

こうして龍樹の主体と運動の批判は無限に続くのです。要するに、もし、「行く者」と「行く」運動ということばを実体視しますと、行く主体も行く運動も成り立たない、と龍樹は言っているわけです。

四　眼はそれ自体を見ない

前節で述べました「歩く者」「歩く運動」「歩かれる所」というものは一般的にいって、主体と作用と客体（対象）との関係であります。龍樹は、主体と作用と客体という三者の関係の問題を、『中論』においてしばしば論じています。

前節で見てきました「歩く者」「歩く作用」「歩かれる所」というのもそうでしたが、そのほかに、第三章では「見る者」「見る作用」「見られるもの」が、第五章では「貪る者」「貪る作用」が、第八章では「行為者」と「行為」が、第一〇章では「燃えるもの」（火）「燃やす作用」「燃やされるもの」が考察されます。これら以外の章でも断片的に、または間接的に、同じ問題がしばしば取り扱われています。

火と薪

第一〇章の冒頭の三詩節は、第二章でサンガバドラを引用してお話ししました、説一切有部の「火の実体」と「燃える作用」の議論を予想している重要な批判になっています。

もし薪がそのまま火であるならば、行為の主体と作用とが同一となってしまう。火が薪と別であるならば、火は薪なしにもあるであろう。（一〇・一）

〔そうならば火は〕つねに燃えているはずであるし、燃える原因を要しないものであろうし、あらためて燃やし始めることは無意味になろうし、そうであれば、作用をもたないものとなってしまおう。（一〇・二）

他のものに依存しないから、〔火は〕燃える原因をもたないものとなるであろう……（一〇・三前半）

ここでは火を独立の実体と見なすならば、それは他のものに依存しないはずであるから、燃える原因も必要でなく、あらためて燃やし始める必要もなく、薪も必要でないものとなってしまう、と追及しているわけです。

しかし、サンガバドラのいうように、実体としての火は燃える作用をもたないのであれば、そもそもそれは火ではないことになってしまうのです。燃えていなくても、考えられる火が火の実体である、という有部の主張には多くの矛盾がある、と龍樹は指摘しているのです。

主体・作用・客体の否定

さまざまな主題について、作用と主体と客体との関係を否定する龍樹の論理は、ほとんど同一の趣旨のものですから、代表的に眼とその作用についての龍樹の議論を簡単に紹介しておきます。第三章では、眼・耳・鼻・舌・身体・意識という六種の器官による認識作用と色形・音声・香り・味・触れられるもの・考えられるものという六種の対象との関係が、眼を代表として否定されます。

かの見るもの（眼）はそれ自体を見ない。自体を見ないものがどうしてそれ以外のものを見るであろうか。（三・二）

見ていない眼などはいかにしても存在しないときに、眼が見るというようなことがどうして妥当しようか。（三・四）

見るもの（眼）はけっして見ない。見ないもの（眼でないもの）はけっして見ない。見る人〔の存在しないこと〕も見るもの（眼の否定）によって説明されていると認められねばならない。（三・五）

第四、五詩節の議論は、「歩く者は歩かない」「歩かない者も歩かない」という言い方とまったく同じです。眼（見るもの）のかわりに「見る人」を入れても、同様の議論が成り立ちます。

火は自らを照らさない

直前に掲げました第三章の第二詩節は、眼はそれ自体を見ない、という自己作用の否定を言い出してはいたのですが、第三章ではこの自己作用の否定は十分には展開されていません。龍樹が本格的に自己作用の否定を行なっているのは、『中論』では第七章の第八から一二詩節、『広破論《こうはろん》』では第六、九、一〇節、『廻諍論《えじょうろん》』では第三四―三九詩節においてです。いまは『廻諍論』の議論を見てみましょう。

火（灯火）は、それ自体をも他のものをもともに照らす、つまり自己および他者にたいする作用をともに行なうものの譬えとしてよく用いられます。龍樹はその灯火の自己作用を否定して言います。

この火の譬えは適用がふさわしくない。というのは、火は自らを照らしはしない。闇のなかで壺が見えないようには、火が見えないことは経験されないからである。

（三四）

君のいうように、もし火が自らをも照らすとすれば、火は他のものを焼くように、自らをも焼くことになろう。（三五）

また、もし君のいうように、火が自他をともに照らすとすれば、火〔が自他にたいして作用する〕ように、闇も自他をともに隠すことになろう。（三六）

闇は光そのもののなかにもないし、光がある他の場所にもない。そのとき、闇を取り除くものである灯火は、どうして照らす作用をしようか。（三七）

第三四詩節は、ちょうど闇のなかで見えなかった壺が、のちに火に照らされて見えてくるように、見えない火がさきにあって、のちに見えてくるならば、火が火自身を照らすといえるのですが、見えない火などは認められないときに、どうして火がそれ自身を照らすといえようか、という意味です。第三六詩節は、もし火が自他にたいする作用をするならば、闇も自他をともに隠すはずだが、それは経験されない、ということです。闇が自己を隠すということは闇が闇でないという不合理なことになります。

自己作用の否定

自己作用ということは、あるもの自体のなかに作用する部分と作用される部分とがある、ということになります。説一切有部のように、火や眼を実体あるいは本質として考える立場では、火がそれ自身のなかに照らす部分と照らされる部分をもつ、眼がそれ自身のなかに見るものと見られるものとをもつ、ということはできません。実体、本質というものは、単一で自己同一的で部分をもたないはずですから、それ自身が二つの本質や二つの部分をもつわけにはいかないからです。

ちょうど指がそれ自身の先端に触れることはできず、アクロバット・ダンサーも自分の肩に登ることができず、レスラーが自分自身に打ち勝つことができないように、実体は自分自身に作用することはないはずなのです。ここでも龍樹は、火や眼を実体視すると自己作用も対他作用も不可能になる、という逆説を説いているのです。

五　無限遡及と相互依存

実在論者の反論

あらゆるものは、実体をもたず、その意味で空である、という龍樹の思想にたいしてつぎのような反論が提出されます。

「もしどこにも、いかなるものにも実体がないとすれば、龍樹のことばも実体をもたないが、それでは実体を否定することはできない。これに反して、もしこのことばが実体をもつものであれば、龍樹の主張は破れる。すべてのものは空である、ということと、このことばは空でない、ということとのあいだには不一致があるからである。」（『廻諍論』一、二取意）

「私のいうことはすべて嘘である」という言い方は、この命題自体も嘘でありますから、成り立たないように、そのように、「あらゆるものは空である」という龍樹の命題自体も空でありますから、あらゆるものの空を成り立たせることはできない、というわけです。

この反論は、龍樹と同時代のインドで強力な論理学派であったニヤーヤ学派（正理学派《しょうりがくは》）から出されたものですが、この学派は同じ問題をさらに理論的に展開いたします。この学派は、人間の認識を知覚・推理・証言・同定の四種類に分類しますが、それらを知覚によって代表させて、龍樹を攻撃いたします。

たとえ君が、まず知覚によってものを認識してから〔その実体を〕斥けるとしても、ものを認識する方法であるその知覚は〔君にとって〕存在しない。（五）

あるものに実体がない、と否定するにしても、そのものがないことには否定のしようもないわけです。そしてそのものを成立させるものは、知覚を初めとするわれわれの認識なのですが、その認識も龍樹にとっては存在しないではないか、という批判なのです。ちょうど、「家に壺はない」という形の否定は、ほんらい壺というものがあるからこそありうるのですが、もし壺がもともとないときにどうして壺の否定がありえようか、というのです。そしてその壺の存在を確認するものは人の認識なのですが、その認識も「すべては空である」という龍樹にとってはありえないではないか、というのです。

もし諸事物に実体がないならば、実体をもたないもの、というこの名称も存在しないであろう。なんとなれば、〔対応する〕実在物をもたない名称はありえないからである。(九)

この反論は、ニヤーヤ学派や説一切有部のような実在論者の立場をよく表わしています。彼らは、ある名前、ことばがあれば、かならずそれに対応する事物が外界に実在する、と考えているからです。

私には主張がない

こうした批判にたいして龍樹は、

ものが他によって存在することが空性の意味である、とわれわれはいうのである。他による存在に実体はない。（二二）

もし私がなんらかの主張をしているならば、そのような誤りが私に起こるであろう。けれども、私には主張というものがないのだから、誤りも私にはない。（二九）

と、彼の基本的立場を宣言いたします。ものが空である、ということは、ものが自立的な、不変、恒常な実体として存在するのでなく、原因・条件という他のものに縁って生じ、存在し、消滅する、無常なものである、ということです。したがって、龍樹は他の学派の主張する実体に代えて、なにか他の実体を根本原理として主張しようとしているのではありません。すべてのものが空である、ということは、なにものをも実在として主張しないことになります。このことの意味は、のちに龍樹の縁起観を説明するときに詳しく申しますので、いまは措いておきます。

認識の確立

そして龍樹はニヤーヤ学派に向かって、認識とその対象の批判を始めるのです。

……もし君（ニヤーヤ学派）にとって、あれこれの対象が認識にもとづいて確立されるとするならば、君にとってそれらの認識はいかにして確立されるかを語れ。（三一）

もし〔一つの〕認識が他の認識によって成立するならば、その仮定は無限にさかのぼることになる。その場合、最初のものが確認されない。中間のものも、最後のものも成立しない。（三二）

ある対象を確立するものは知覚その他の認識であるとするならば、その知覚その他の認識はどうして確立されるのでしょうか。Aの認識を成立させるのにもうひとつの、Bという認識が必要であれば、Bを成立させるのにCが、Cを成立させるのにDがというように、無限にさかのぼって究極のものは得られません。究極の認識が得られなければ、中間の認識B、Cも、最初の認識Aも成り立たず、したがって認識の対象も確立されません。このように最終的な根拠が得られずに、無限の過程を必要とすることは、無限遡及と呼ばれる論理的な誤りと見なされます。

認識と対象

もし認識が自らで成立するならば、君にとって、認識の対象を必要とせずに認識は成立することになる。自ら成立するとは、他を要しないことであるから。（四〇）

もし君にとって、認識の対象を必要としないで認識が成立するというならば、そのときにはその認識はいかなるものの認識でもありえない。（四一）

対象のない認識はありえない、というのが説一切有部やニヤーヤ学派などの実在論者の基本的な主張であります。ですから、対象なしに認識がそれ自身だけで成立することはできません。いかなるものの認識でもないというような認識はないのですから。

それと反対に、それら〔の認識〕が〔対象に〕依存して成立すると考えるならば、どういう誤りになるかというと、すでに成立しているものをさらに成立させることになる。というのは、存在していないものは他に依存することはないから。(四二)

もしあらゆる場合に、認識が認識の対象に依存して成立しているならば、認識の対象は認識に依存しないで成立することになる。(四三)

あるものAが他のものBに依存するというときには、Aはすでに成立していなければなりません。存在していないAが他のものBに依存するわけはないのですから。したがって、認識が認識の対象に依存する、ということは存在している認識をもう一度成立させる、屋上に屋を重ねることになってしまいます。また、認識に依存される方の対象も、そのときにはすでに成立していなければなりません。存在していない対象に認識が依存することはないからです。

……認識がかならず認識の対象に依存して成立するのであるならば、その場合には、認識とその対象との関係はかならず逆転してしまう。(四五)

認識（プラマーナ）という語は「量るもの」を意味し、認識の対象（プラメーヤ）は「量られるもの」を意味するので、もし、量るものが量られるものによって成立するならば、量るものは量られるものであり、量られるものが量るものであることになります。つまり、認識が対象となり、対象が認識となってしまって、関係が逆転するわけです。

息子によって父となる

また君にとって、認識の成立によって認識の対象が成立し、同時に認識の対象によって認識が成立するのであれば、その両者とも成立しないことになる。（四六）
もし父によって息子は生じさせられ、またその同じ息子によって父となるなら、そのさい、いずれがいずれを生じさせるかをいえ。（四九）
そのさいに、だれが父であり、だれが息子であるかを君はいえ。それらの二人がともに父と息子の特徴をもっていることになるので、そこにわれわれの疑いが生じる。（五〇）

このようにＡがＢに依存し、ＢがＡに依存するような関係は、相互依存といわれ、論理的な誤謬と呼ばれます。実体は他のものに依存しないはずですから、二つの実体は相互に依存することもありえません。

龍樹はここで結論として、認識とその対象を四句分別によって一挙に否定します。

じつに、〔知覚・推理・証言・同定の四種の〕認識は、独立に成立するのでもなく、一方が他方によってでもなく、〔それ自身とは〕別個な認識によってでもなく、対象によってでもなく、あるいは偶然に〔原因なくして〕成立するのでもない。（五一）

ここには数えてみますと五句が出ています。しかし、「一方が他方による」と「〔それ自身とは〕別個な認識による」とを同じ「他による」のなかに含めれば、四句といってよいでしょう。

上には龍樹の主要な議論に現われる論理を整理してご紹介したにすぎません。彼の議論と論理がこれで尽きるわけでもありませんし、またこれまでに解説しました龍樹の論理もじっさいにはもっと詳細に展開されているのです。しかし、本書で論理の問題にあまり深入りするわけにもまいりませんので、一応ここで打ち切っておきます。

第六章　縁起説の発展

一　『スッタニパータ』の縁起説

ゴータマ・ブッダの説いた縁起

縁起説は、ただ龍樹の空の思想を支える原理であるだけでなく、さまざまな形に発展した仏教のすべてを覆う基本思想であります。それにもかかわらず、ゴータマ・ブッダ自身が説いた縁起がどのような形のものであったかは、十分には分かりません。

また学者たちも、ある人々は、十二縁起といわれるものが縁起の原初形態であったと主張し、他の人々は、もともとの縁起説は十二縁起のような連鎖式を構成していたのではなくて、もっと短い、簡潔な形のものであったと主張いたします。現代の学界では、縁起説そのものが簡潔なものから次第に発展して連鎖的な十二縁起説になった、とする見方の方が有力ではありますが、この点について定説があるというわけでもありません。

ゴータマ・ブッダの縁起思想を考えるには、仏教最古の経典である『スッタニパータ』に現われる縁起を研究して、それが少なくともゴータマ・ブッダの縁起思想にもっとも近い、と理解するよりほかに方法はありません。ここではまず、私の理解するかぎりでの縁起思想の発展をごく簡潔にたどって、龍樹の縁起思想の前提といたします。『スッタニパータ』からの引用にさいしましては、大部分は中村元先生の和訳（『ブッダのことば』岩波文庫、一九八四年）をお借りしますが、K・R・ノーマン氏の英訳なども参照し、また原典に拠って私自身の解釈を取る場合もあります。

二種縁起

『スッタニパータ』の第三章の最後に「二種の観察」と題されている節がございまして、ここにもっとも単純な形の縁起が現われます。二種の観察という表題が示すように、ここに現われる縁起は、或るものがあるから苦しみ（迷いの生存）がある、それがなくなれば苦しみ（迷いの生存）はなくなる、というように二つのもののあいだでの因果を追求する形になっています。たとえば、

この状態から他の状態へと、くり返し生死輪廻に赴く人々は、その移行は無明《むみょう》にのみよる。この無明とは大いなる迷いであり、それによって永いあいだこのように輪廻してきた。しかし明知に達した生けるものどもは、再び迷いの生存に戻ることがない。（七二九—七三〇）

およそ苦しみが生ずるのは、すべて潜在的形成力（行《ぎょう》）を縁（原因）として起こるのである。諸々の潜在的形成力が消滅するならば、もはや苦しみの生ずることもない。（七三一）

およそ苦しみが生ずるのは、すべて識別作用（識）に縁って起こるのである。識別作用が消滅するならば、もはや苦しみが生起するということはありえない。（七三四）

渇愛（愛）を友としている人は、この状態からかの状態へと永いあいだ流転して、輪廻を超えることができない。渇愛は苦しみの起こる原因である、とこの禍いを知って、渇愛をはなれて、執着することなく、よく気をつけて、修行僧（比丘）は遍歴すべきである。（七四〇―七四一）

いまは比較的に意味のはっきりした詩節を例証的にあげるにとどめますが、この節では、苦しみあるいは迷いの生存の原因となるものとして、生存の素因（ウパディ　獲得、執着など）、無明、潜在的形成力（行）、識別作用（識）、接触（触）、感受（受）、渇愛（愛）、執着（取）、起動（努力）、食料、動揺、従属（依存）などが現われます。これらのうち、無明・潜在的形成力・識別作用・接触・感受・渇愛・執着は、後代の十二縁起の項目となっています。もっとも、それぞれのことばの意味は、厳密には十二縁起におけるほど教義的に固定されていたのではないでしょうが。

十二縁起では、第一支分（部分、項目の意味）は第二支分の原因であり、第二支分は第三支分の原因である、というように十二の支分が因果の連鎖をなしているのですが、上に見ました『スッタニパータ』の「二種の観察」では、あるものが原因となって苦がある、と二つの項目のあいだの因果関係が説かれるだけです。そのような因果関係が無明と苦、識別作用と苦というように、個別的に、連鎖をなすことなしに述べられているわけです。これは二種縁起とでも名付けてよいものです。

七項目の連鎖縁起

しかし、『スッタニパータ』のなかには、右に述べた二種縁起だけが出てくるのではなくて、じつは、十二項目はそろってはいませんが、連鎖縁起の一種と見なせるものも現われます。この経典は五章からなっているのですが、そのうち、第四章と第五章とが最古層に属するものと考えられています。その第四章の一一節の第八六五から八七四詩節にわたるあいだに連鎖縁起が出ています。

ここでは争闘・争論・悲しみ・憂い・慳み・慢心・傲慢・悪口などの煩悩は愛好（されるもの）にもとづいて起こる、といい、ついで、「愛好されるもの」と貪りは欲望にもとづき、「欲望」は快・不快にもとづき、「快・不快」は〔感官による〕接触にもとづ

いて起こり、感官による「接触」は名称と形態にもとづいて起こる、といい、そして、

ありのままに想う者でもなく、誤って想う者でもなく、想いなき者でもなく、想いを消滅した者（または、消滅したものを想う者）でもない。――このように理解した者の形態は消滅する。けだし、ひろがりの意識（または、多様さ）は想いにもとづいて起こるからである。（八七四）

といいます。いまはある程度文脈を整理してご紹介したのでして、実際には、快・不快によって欲望が起こる、という所には、「諸々の物質的存在に生起と消滅とを見て人は断定を下す」とか、「怒りと虚言と疑惑」ということばが挟まったり、接触は何にもとづいて起こるのか、を問う箇所には所有欲や我執なども言及されています。しかし、大筋をたどりますと、上のように整理できると思います。

また、たとえば、「快と不快とは感官による接触にもとづいて起こる。感官による接触が存在しないときには、これらのものも起こらない」というように、あるものの起こ

る原因を説くとともに、その消滅の根拠をも説いていることがあります。

第八七四詩節の「想い」はサンニャー（S・サンジュニャー）で、表象にあたることばです。接触の起こる根拠として現われる「名称と形態」は、のちに「名色」（ナーマ・ルーパ、nāma-rūpa）となるものですが、ここでは nāmañ ca rūpañ ca となっていて複合語にはなっていません。「名称と形態」は名と形で、すべて個物は名と形によって個体化されるわけですから、個々の物を意味するわけです。第八七四詩節では、「名称と形態」のかわりにただ「形態」だけが現われますが、これは「名称と形態」と同じ意味で使っているのだと思います。

そうしますとおおまかにいって、もろもろの煩悩―愛好されるもの―欲望―快・不快―感官による接触―名称と形態―表象、という順序に並べられた諸項目の後のものが前のものの根拠あるいは原因となって、連鎖をなしているわけです。煩悩の原因が愛好であり、愛好の原因は欲望であり、ないし、最終的な原因は表象である、という順観（流《る》転分《てんぶん》）と、表象が消滅すれば名称と形態が消滅し、名称と形態が消滅すれば接触が消滅し、ないし、煩悩が消滅する、という逆観（還滅分《げんめつぶん》）との二つが説かれていることになります。ここにはたしかに、七つの項目による連鎖縁起が現われています。

龍樹との関連

さきに第四章で龍樹の根本的立場を扱いましたときに、『中論』第一八章の第五詩節をあげました。「行為と煩悩が尽きることから解脱がある。行為と煩悩は計らい〔分別〕から生じる。それら〔の計らい〕は多様〔な思い〕による。そして多様〔な思い〕は空性において滅せられる」というものでした。龍樹がこの詩節でいう「計らい」とは、『スッタニパータ』第八七四詩節に出る「想い」あるいは表象、といいかえてもさしつかえないことばです。そして龍樹のいう「多様な思い」は『スッタニパータ』八七四の「ひろがりの意識または多様さ」と同一のパパンチャ（S・プラパンチャ）であります。

煩悩とそれに伴なう行為の根拠を、分別さらに多様な思いに追及し、その多様な思いが空であると理解することによって計らい、さらに煩悩と行為が消滅する、という龍樹の思想は、表象の尽きることによって多様さ〔ひろがりの意識〕が滅し、その滅によって名称と形態、ないし、もろもろの煩悩が滅する、という『スッタニパータ』とけっして無縁ではありません。

二　五支の縁起

縁起説の発展

原始経典に現われる連鎖縁起は、三つの支分からなるもの、五支分からなるもの、六支分、九支分、十支分、十二支分からなるものと、多種多様であります。最終的には十二支分からなる、いわゆる十二縁起が定着し、それが小乗のアビダルマ哲学に受け継がれて、十二縁起を有情の輪廻の過程とする解釈を産むことになります。

前節で見ましたように、『スッタニパータ』における縁起思想は、苦と迷いの生存の根拠を追及したものであって、有情の輪廻の過程を述べたものではありません。輪廻のことは本章の最終節で扱いますが、本節では縁起説が十二縁起にまで発展した過程と理由を考えてみたいと思います。

最初に注目したいのは五支縁起説の一形態です。五支縁起というのは、愛（渇愛）――

取（執着。自分のものとして取り入れること）―有（迷いの生存）―生（誕生）―老死（苦しみ）という五項目からなるのがふつうです。愛とは感覚の対象にたいする欲望のことです。苦・集（苦の原因）・滅（苦の消滅）・道（苦の消滅にいたる道）を四諦《したい》といいますが、この四諦を説く経典のなかには、苦の原因として無明ではなくて、渇愛をあげるものがあります。このことは苦の第一の原因を愛に求める思想が、それを無明に求めるものと同じように、原始経典のなかにあったことを示しています。五支縁起はこの愛から出発して老死に代表される苦を導き、逆に愛の消滅によってそれに続く取・有・生・老死の消滅を語ろうとしたものです。

『雑阿含経』の五支縁起

その五支縁起の一つが漢訳『雑阿含経《ぞうあごんきょう》』二八五経（大正、巻二、七九c以下）に出てまいります。この経典に相当するものはトゥルファン出土のサンスクリット写本断片にもあり、トリパーティー氏の校訂本（Dīpa）も得られますが、なにぶんにも欠落部分が多すぎてあまり使えません。パーリ聖典では『サンユッタ・ニカーヤ』XII, 53, 54

（Saññojanaṃ）がこれに相当しますが、漢訳と十分に一致いたしません。

したがって、『雑阿含経』二八五経は単独伝承でありまして、資料としての価値はやや低いのですが、内容はきわめて重要なものと私には思えますので、ここにご紹介いたします。

この経典もほかの五支縁起を説く経典と同じように、愛―取―有―生―老病死憂悲悩苦という五項目を流転分と還滅分の両方から観察するのですが、その初めの、仏陀の回顧の部分がほかの経と違っているのです。仏陀は瞑想しているうちにこう考えます。

> 世間は難に入る、いわゆるもしくは生、もしくは老、もしくは病、もしくは死、もしくは遷り（死に）、もしくは生を受く。しかれどももろもろの衆生は生老（ここに病を加える版本もある）死をこえて所依（根拠のこと）に及んで如実に知らず。我れこの念をなす。何の法あるゆえに生あるや、何の法に縁るゆえに生あるや。すなわち正しく思惟して、無間等に（ただちに）知を起こす。有あるゆえに生あり、有に縁るゆえに生あり。また思惟す。何の法あるゆえに有あるや。何の法に縁るゆえ

に有あるや。すなわち正しく思惟して如実に無間等に知を起こす。取あるゆえに有あり、取に縁るゆえに有あり……

以下は愛によって取があるといいまして、通常の五支縁起のように、愛―取―有―生―老病死憂悲悩苦、と流転分を説き、また愛の滅―取の滅―有の滅―生の滅―老病死憂悲悩苦の滅、と還滅分を説いています。

この経の後半はふつうの五支縁起と変わらないのですが、右に引用しました部分では、生（誕生）は老病死などとともに苦の一部に入っていて、苦と別の支分とはなっていません。その下に「何の法あるゆえに生あるや」という、圏点をつけました生は、したがって、生老病死という苦の代表となっているわけです。つまりこの部分では、生老病死の苦―有―取―愛という四支のみが現われていて、五支にはなっていないのです。

通常の五支縁起、またそれを後半に取り込んでいる十二縁起では、有と生とは別々の支分となっています。さらに、十二縁起が輪廻の過程と解釈されるようになりますと、有はこの世における迷いの生存、さらに、この世における迷える行為（業有《ごうう》）とされ、生は次の世における誕生と解釈されます。有と生とのあいだで今の世から次の世への移行があるわけです。

輪廻と無関係な縁起

しかし、右に掲げました『雑阿含経』二八五経ではそのような今世と次世との移り変わりはありません。生は老病死などと同じ苦しみにほかならず、その苦しみは有つまり迷える生存に拠ってある、というだけです。この解釈では有は単に「迷える生存」であって、後代のようにこの世での誤った行為（業有）と考えられてはいないのです。

生老病死が一括して苦と考えられている場合は、じつは原始経典には多いのです。はやい話が、四諦説においては、苦とは生・老・病・死の四苦《しく》であり、それは愛別離苦《あいべつりく》（いとしい者と別れる苦しみ）・怨憎会苦《おんぞうえく》（にくらしい者と出会う苦しみ）・求不得苦《ぐふとくく》（もとめても得られない苦しみ）・五蘊盛苦《ごうんじょうく》（要するに身心は苦しみである）と合わせて八苦《はっく》といわれます。ここでも生は、老病死その他とともにこの世での苦であって、けっして次の世に生まれ変わることではありません。

またたとえば、『サンユッタ・ニカーヤ』XII, 66. 18（20もほぼ同文）には「愛を増長させた者は生存の素因（ウパディ）を増長させた。生存の素因を増長させた者は苦を増長させた。苦を増長させた者は、生・老・死・愁・悲・苦・憂・悩より解脱せず、苦より解脱しなかった」といいますが、ここでも生は老・死その他の苦の一つとして数えられています。

そういたしますと、五支縁起において、生を老病死と別の項目とすることも、有と生とのあいだでこの世の生涯と次の世の生涯とに分けることも、後代の解釈であって、最初期の縁起説にはなかったことである、と考えることもできるわけです。

三　十支の縁起

認識論としての五支

連鎖縁起説が最初期から輪廻、つまり、人の過去世から現世へ、現世から未来世への転生、移行を含むものではなかった、ということを、こんどは十支縁起をてがかりにして考えてみましょう。

十支縁起といいますのは、識—名色—六処—触—受—愛—取—有—生—老死、という十項目からなる連鎖縁起であります。このうち後半の五支は直前に見てきました五支縁起と同じものです。『スッタニパータ』に、苦しみと迷いの生存の原因を識に求め、また識の消滅によって苦の消滅がある、という二種縁起があったことは前に申しました。そのように、識から始まる十支縁起というものもいくつか経典に現われます。

前半の五支は一種の認識論と理解することができます。識別作用あるいは意識（識）と、外界の個物（名色）と、眼・耳・鼻・舌・身・意という六種の認識器官（六処）のいずれかとが接触して感覚（受）が生じる、というのです。

十二縁起になりますと、識の前に無明と行とが付け加えられます。無明というのは、有情のもっている根本的な無知（五蘊の真理を知らないこと）でありまして、この無知にもとづいてわれわれは誤った行為・認識を行なっていますが、その過去の認識・行為の残した印象、あるいは、潜在的な習慣性のことを行（P・サンカーラ、S・サンスカーラ）といいます。そのような過去——これは前世という意味ではなく、この世における以前の経験のことですが——の印象なくしては現在の認識が成立しないことは、さきに説一切有部の説明のなかで申しあげました。

ですから、十二縁起の前半、無明から受まで、また十支縁起の前半は、もともと認識論的な考察であった、と考えられるのです。そして、認識論的に感覚すなわち受が現われたあとで、その感覚の対象にたいする欲望すなわち愛が生じますから、愛から老死にいたる五支縁起が加えられるのです。こうして見ますと、十支縁起というのは、本来は別々に成立した認識論的な縁起に五支縁起が結合されてできた、と考えることができるわけです。

『城喩経』の縁起説

いまここで注意したいのは『城喩経』と呼ばれる一群の経典です。これは『雑阿含経』二八七経、トリパーティー氏および村上真完氏校訂になる『サンスクリット本城喩経』、サンスクリット本『大本経』の散文部分（ヴァルトシュミット校訂のサンスクリット本を吹田隆道氏が訂正してこれを『城喩経』と断定したもの）や、その他の経典・論書に含まれる縁起説で、流転分が十支で還滅分が十二支からなるものをいいます。

この流転分の十支は老死からさかのぼって識にいたる十項目で、識をかぎりで終わります。そのときに、名色は識によって起こり、識は名色によってある、と識と名色とが相依になっているものと、ただ名色は識によって起こる、といって相依性を説かないままに単純に折り返すものとの二種類があります。

この流転分十支、還滅分十二支からなる縁起説を説く経典を『城喩経』と呼ぶのは、この縁起を説いたのちに仏陀が、自分は古の仙人・仏陀がたどった路を見つけ、それを歩いて涅槃の城に達した、という旨を懐古的に述べているからです。

『城喩経』の流転分が十支であるのは、有情の迷いの生存と苦とを説明するのには、識から老死までの十項目で足りるからです。老死という苦の根拠を尋ねて識にいたり、またそこで折り返して、意識の起こることによって名色以下、老死の苦が起こると観察すればよいからです。

しかし、還滅分、つまり、迷いと苦から解脱するためには、その根源である識を滅しなければなりません。その識の消滅は、名色によって識あり、識によって名色あり、と相互依存性を説いても、また意識から単純に名色以下の項目に折り返すだけでも、ありえません。

そこで、識は何の消滅によってありうるか、を問わねばならず、その問いにたいしては、行という以前の行為と認識の潜在印象を見出さねばなりません。そしてその潜在印象を消滅させるためには、人の根本的無知である無明の消滅においてとどめをささねばならなかったのです。そこで『城喩経』では還滅分が十二支になったのです。

十支から十二支へ

この経典が重要視される理由の一つは、この流転分十支、還滅分十二支の縁起が、十支縁起から十二縁起へ発展する過程を示しているからです。事実サンスクリット本『大本経』（吹田隆道氏による再訂本）には、散文で流転分十支、還滅分十二支の縁起を説いたのちに、韻文による要約があるのですが、その詩節では流転分も、還滅分と同じように、無明と行を加えた十二支になっているのです。

いずれにしても、上に見てまいりました五支縁起、十支縁起、そして十二支縁起への発展の過程を吟味いたしますと、これらの連鎖縁起をつねに輪廻説と結合させる必要はないことが分かるのです。

四　縁起と輪廻

輪廻の過程としての縁起

原始経典のやや後期において、十二縁起説が輪廻説と結合される傾向が出てきたことは否定できません。経典のなかで、第十一支の生を第十二支の老死と区別している場合も多く、それはこの生を来世における有情の再生と理解したことを示しているからです。しかし、十二縁起を有情の輪廻転生の過程そのものとする解釈を仏教のなかに定着させたのは、なんといっても小乗のアビダルマ哲学でありました。

ここでは説一切有部のいわゆる三世因果《さんぜいんが》を簡単に述べておきます。この三世因果は前一世紀には成立していた『発智論《ほっちろん》』においてすでに完成されていましたが、龍樹と同じ後二世紀に作られた、『発智論』にたいする膨大な注釈書『大毘婆沙論《だいびばしゃろん》』にも詳しく論じられています。

初めは苦の一部分であった生が老〔病〕死などから切り離されて、苦の根拠としての誕生と理解され、したがって迷える有情の来世における再生とされたことは、さきに五支縁起を説明したときにすでに触れておきました。こうして十二縁起はまず最後の二支、つまり、生と老死とは来世のこととして、その前の有に終わる現世と分離されました。

そのさい有は「迷いの生存」の意味から発展して、現世における有情の行為、業の意味になりました。これを業有《ごうう》といいます。来世における再生を引くものとしては、ただ迷いの生存では物足りませんから、迷いの生存の実質である迷える行為と理解したのです。有ということばに行為という意味は本来なかったのですが。

無明・行・識

十支縁起の還滅分が、識の前に行と無明を付け加えることによって、十二支に成長したこと、ついでそれにならって、流転分さえも十二支になり、ここに十二縁起ができあがったことは前節で申しあげました。十二支のうち、あとから付け加えられた無明と行の二支が、識から有までの現世と区別されて前世のこととされるのは、きわめて自然なことでした。

行は、すでにお話ししましたように、現在の意識の認識活動に影響を与える過去の認識・行為の印象、いいかえれば潜在的習慣性という意味から一歩成長して、過去世における行為とされました。ちょうど、有が来世における誕生を引き起こす現世の行為とされたように、行は現世の識を引き起こす過去世の行為と考えられたのです。

仏教では、有情の誕生とは、意識が母胎に入った瞬間、つまり、母親の妊娠の最初の刹那をいうのであって、母体からの出産のことではありません。死ぬことも生まれることも意識を中心にして考えますから、入胎の瞬間の意識のことを結生識《けつしょうしき》といいます。この結生識を引き起こすのが、前世の行為である行なのです。その行は当然誤った行為でありますから、その原因としての無明に先立たれるのです。

三世両重因果

こうして十二縁起では、無明と行の二支は過去世に、識・名色・六処・触・受・愛・

十二縁起

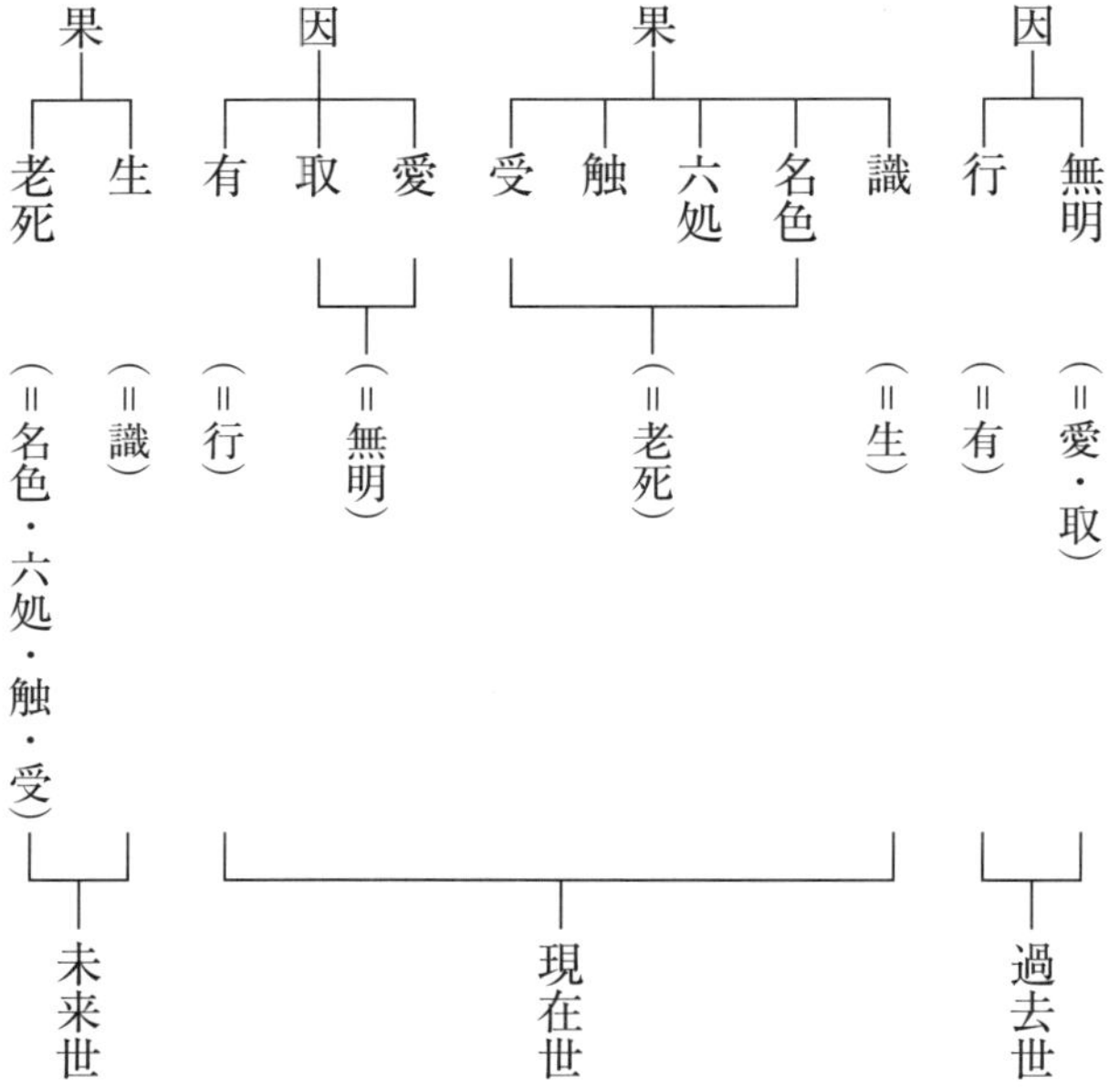

取・有という中間の八支は現在世に、そして最後の二支の生と老死は未来世に配分されました。さらに現在世の八支のうちの識・名色・六処・触・受の五支は、過去世の無明と行という原因の直接の結果とされ、愛・取・有の三支は未来世の生と老死という結果を引き起こす直接の原因とされました。

　十二支全体は過去世における原因（無明・行）と現在世における結果（識・名色・六処・触・受）、現在世における原因（愛・

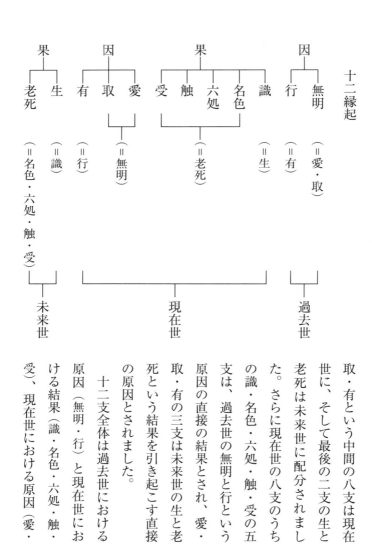

取・有）と未来世における結果（生・老死）というように二重の因果関係を形成します。これがこの縁起観が三世《さんぜ》両重《りょうじゅう》因果《いんが》と呼ばれる所以です。

現在世の八支は、過去世における迷いと行為の結果としての五支と、未来における再生を引く三支とに分けられました。過去世も未来世も、内容的には現在世と同じものであるはずですが、過去世の無明と行は現在世の原因としての三支（愛・取・有）と一致させ、未来世の生と老死は現在世の結果としての五支（識・名色・六処・触・受）と一致させられました。

老死が名色・六処・触・受の四支にあてられるのは少し変ですが、これは名色、すなわち、人の身心の要素の生起が老死の始まりであり、老死の生起にほかならないのだ、という意味です。以上の関係は前頁の図表に示しました。

支分の重複

いままで見てきましたように、縁起というものは、その支分の数がもともと一定していたわけではありません。二支、三支、五支そのほか、さまざまな数の支分からなっていたのです。原始経典の体系化が行なわれるようになってから、またアビダルマが盛んになってから、十二支という数が決められたにすぎません。そのため、十二縁起として固定された教義にはいくつかの無理がありました。

そのような不合理性のなかでもっとも顕著なものは、十二の支分のなかに同じものが何度も出てくる、という、支分の重複の問題でした。過去世の二支および未来世の二支が、現在世の八支と内容的に重複するのは致し方ありません。過去世、未来世は現在世の繰り返しであるはずですから、重複するのも当たり前です。しかし、現在世の八支のなかに同じ支分が重複することには、問題があります。

有部のアビダルマでは、『法蘊足論《ほううんそくろん》』（大正、巻二六、五〇七c）以降、名色は色・受・想・行・識の五蘊である、という解釈が定着するようになりました。名色すなわち「名称と形態」は多様な現象の一般的な呼称であり、またものの個体化の原理であったのですが、アビダルマではこれを五蘊と一致させました。

そうすると五蘊のなかの識は第三支の識と重なります。五蘊のなかの受も第七支の受と重なります。また五蘊とは別に、六処（眼・耳・鼻・舌・身・意）のなかの意は、有部の思想では直前に過ぎ去った意識であって、現在の意識である第三支の識とは区別されますが、有部以外の学派では一般に意と識とを同義語としますから、やはり問題が残ります。じっさい、諸学派のあいだで支分重複の問題は論議の種となりました。

しかし、有部はやがて時分縁起（分位縁起）というすぐれた理論を開発して、この支分の重複の問題を一挙に解決しました。それは、十二縁起の各支分は、じつはすべて同じ五蘊つまり有情の個体存在そのものである、というものです。ですからもともと十二支分はみな同一のものであるわけです。ただそれぞれの時点で五蘊のうちでもっとも強力なものを取ってその支分の名としたにすぎない、というのです。

ですから第三支の識も五蘊であるが、そのうちでもっとも強力なもの、識（結生識）を取って第三支の名としたのだ、というのです。五蘊は個体存在の構成要素すべてを含みますから、触や愛や取その他のものも五蘊のなかにあるわけで、それらもそれぞれの時点でもっとも強力な要素の名で呼ばれるというわけです。

死と再生

縁起というときには人、厳密には有情、の生死流転だけではなくて、一般的に事物の因果関係も含むのですが、有部は十二縁起は有情に限るといって、これを地獄・餓鬼・畜生（・阿修羅）・人間・天人という、有情のみについて説かれるものと限定しました。そして、有情の輪廻の過程を十二縁起の各支にそって詳しく説明しましたから、それは医学と臨死体験を合わせたような理論になりました。

無明と行で代表される前世における生涯のはてに人は死にますが、死の瞬間の存在を死有《しう》といいます。次の世、つまり現在世に生まれる瞬間を生有《しょうう》（結生識）と呼びます。有部は死有との中間、つまり人が死んでから次に生まれかわるまでのあいだに、中有《ちゅうう》という存在がある、と主張します。もっともこれは有部の系統の二、三の学派で主張するもので、すべての仏教学派が認めているわけではありません。

中有は七日あるいは七七日、つまり四十九日のあいだに、つぎに生まれる場所つまり母胎に潜入しなくてはなりません。中有も五蘊からできていて、五、六歳の小児のようで、香りを食べて生きていますのでガンダルヴァ（健達縛）ともいわれます（ガンダは香りの意）。中有は透明で微妙な身体であるためにふつうの人の眼には見えません。中有は自分に適した男女が性交している機会に母胎に入り込みますが、この時が生有、つまり誕生の瞬間にあたります。

その後は胎児として二六六日間成長を続けますが、その成長の過程を五段階に分けて胎内五位《たいないごい》といっています。受胎直後の七日間はカララ（凝滑《ぎょうかつ》）、第二の七日間はアルブダ（皰《ほう》）、第三の七日間はペーシー（肉段《にくだん》）、第四の七日間はガナ（硬肉《こうにく》）、その後出産までの二三八日間、手足などがそろってくる段階はプラシャーカー（枝節《しせつ》）と呼ばれます。プラシャーカーの最後に母胎から出てまいります。

十二支と輪廻

十二縁起にあてはめますと、中有が母胎に入った瞬間が第三支の識にあたり、胎内五位は名色・六処にあたり、出産後、意識と感官と対象との接触が起こる期間が第六支の触にあたります。その後、感受はありますが、まだ婬欲を起こさない幼少年期が第七支の受、婬欲を起こしてからが第八、九支の愛と取にあたります。第十支の有についてはすでに述べましたが、未来世における再生を引き起こす原因である、さまざまの行為に走る期間が、有、つまり業有にあたります。そのような迷いの行為によって、この世で死んだ（死有）のちに、また中有を経て再生する（生有）ときが、第十一支の生であります。その後の生涯、厳密にはさきに申したように、受にいたるまでが第十二支の老死になるわけです。

生有と死有とのあいだの生涯は本有《ほんう》といいます。人はこうして、解脱しないかぎりは、生有・本有・死有・中有をいつまでも繰り返すのです。そのさい、人は生前の行為の善・悪にしたがって、地獄・餓鬼・畜生（・阿修羅）・人間・天上を、へめぐることになるわけです。

第七章　輪廻と空

一　すべてを成り立たせる空

空にたいする非難

『中論』の第二四章で龍樹は、これに先立つ諸章で行なった否定の論理と趣きの変わった、いわば世間的な言語習慣を建立する論理を展開いたします。

この章の初めの部分で、反論者が現われて、もしあらゆるものが空ならば、ものの生起も消滅もないことになるから、ブッダの教えた四つの聖なる真理、つまり、苦・苦の原因・苦の消滅・苦の消滅に至る道という四諦《したい》が成り立たなくなる、と非難いたします。

四諦がなければ、智慧の獲得も、煩悩の断滅も、道の修習も、さとりを証することもなくなり、したがって、預流《よる》・一来《いちらい》・不還《ふげん》・阿羅漢《あらかん》というような聖者もいなくなり、聖者がいなければ、仏教の教団（僧伽《そうぎゃ》・僧）も、正法もない。法と僧がなければ仏もないから、三宝《さんぼう》もなくなる。

すべてが空であれば、道徳も非道徳もなく、因果・業報もなくなるから、空を語る者は一切の世間の言語習慣を破壊することになるのだ、という趣意であります。

龍樹の反論

こういう非難にたいして龍樹は、反論者は、空たること（空性）・空の効用（空用）・空の意味（空義）を知らないから、こういう非難を行なうのである、といいます。そして、反論者のように、あらゆるものに実体や本質があるとする立場では、じつは四諦も聖者も三宝も道徳・非道徳も、要するに、一切の世間の慣行が成り立たないのであって、それらはすべてが空であるからこそ成立するのである、と説き始めます。

この空性が妥当する人には、すべてのものが妥当する。空性が妥当しない人には、いかなるものも妥当しない。（二四・一四。『廻諍論』七〇）

縁起というもの、それを空性であると説くのである。そ〔の空性と〕は、〔他のものに〕よる仮説であり、その同じことが中道である。（二四・一八）

縁起しないで生じたものなど何もないのであるから、空でない事物などは何もない。（二四・一九）

第五章で述べましたように、龍樹は、もしあらゆるものに実体や本質があるならば、因果関係も、ものの運動も、主体・客体・作用の関係も、認識とその対象のあり方も説明できなくなる、といっていたのです。ですから、そのようなすべての関係は、ものに実体がなく、本質がないとき、いいかえれば、すべてのものが空であるからこそ、成り立つのです。世間のすべてのことばや慣行は、空においてこそありうるのです。

この場合、すべてのものに実体や本質がない、ということが空性であります。事物は実体をもたず、原因・条件に依存してのみ生じる、つまり、縁起したものである、ということが空義の理解であります。そして、ものが空であるということが、あらゆる世間の言語や慣行を、実体としてではなく、仮の現象として成立させるということ、それが空の効用（空用）、空のはたらきであります。

そこでは、世間の言語・慣行というものを実体として肯定するのでもなく、またそれを仮のあり方、現象としては否定するのでもない、ですから、空の立場は中道といえるわけです。

空は縁起

空性は縁起である、ということはたいへん重要な宣言であります。さきに第五章で『廻諍論』の第二二詩節「ものが他によって存在することが空性の意味である、とわれわれはいうのである。他による存在に実体はない」をあげましたが、説明は保留しておきました。この詩節も上の『中論』二四・一八と同じことをいっているわけです。

空といいますと否定的・消極的に響くのですが、龍樹は空とは縁起である、というのです。縁起とは事物が生起し、存在することを表わす、固定的・積極的な言い方です。

ですから、すべてのものが実体をもたないで、他に依ってのみ生じ、存在する、ということが空ということであるわけです。

二つの真理

龍樹は二つの真理（二諦《にたい》）の区別ということをいいます。

諸仏の説法は二つの真理に依って行なわれる。世間人一般の理解としての真理（世俗諦《せぞくたい》）と、最高の真実としての真理（勝義諦《しょうぎたい》）とである。（二四・八）

これら二種の真理の区別を知らない人々は、ブッダの教えにある甚深の実義を知らない。（二四・九）

言語習慣に依らないでは最高の真実は説きえない。最高の真実に従わないでは涅《ね》槃《はん》はさとりえない。（二四・一〇）

龍樹は、二つの真理が別々にある、といっているわけではありません。最高の真実の立場では、あらゆるものに実体がない、ということが勝義諦でありまして、その空によってこそすべての世間の言語・慣行が仮のものとしてありうる、というのが世俗諦であります。ですから、この二つの真理というものは、一つの真理の裏と表というべきでしょう。

空のはたらき

『中論』第二六章で、龍樹は十二縁起のごく簡単な解説を行なっています。『中論』の注釈家たちは、あるいは、この章は上記の二四・一八の立場、つまり、空は縁起であり、それは、実体のない仮説の建立という立場での十二縁起の解説であるとか、あるいは、この章は世俗諦の立場での解説である、というようなことを申します。

いずれにしても、この第二六章では、十二縁起説を肯定的に説いているのです。十二縁起を空である、というのではなくて、世間の人々が信じている十二縁起を肯定して説いているのです。それは空のはたらきとして、世間的には有意義な信条を仮説的な真理として認めていることになります。この章で龍樹はつぎのように要約できることをいっています。

無明などの煩悩に覆われた人は種々の行為を行なうのであるが、その行為が再生を引くのである。その行為を原因としている識が生存の場所に入ったときに、名色が現われ、名色が現われたときに六処が生じる。眼と色形と注意力（名の一形態）とによって、すなわち名色に依って識が生じる（ここで龍樹は識と名色との相互関係を認めています）。その眼と色形と識との接触が触であり、触から受、受から愛があり、愛の対象に渇きを覚えて取が起こる。取によって人に有が起こる。その有は五蘊である。有から生が起こる。生から老・死・憂・悲・苦・悩・悶が起こる。

だから知者は輪廻の根本である諸行を為作しない。彼は真実を見ているからである。無明が滅したときには諸行は生じない。それぞれさきの支分が滅することによって、それぞれ後の支分が現われない。こうしてこの苦の集合が完全に滅するのである。

この龍樹の簡単な十二縁起の解説には、有部のように、有を業有であるといわないで、五蘊であるとのみいうことや、また、有部のように三世両重の因果や中有や胎内五位などを説かないことに特色があります。しかし、十二縁起を過去・現在・未来にわたる輪廻の過程と解釈している点では、有部などと変わりません。縁起したものは空であって、生も滅もない、といってきた龍樹は、なぜここで十二縁起を認め、解説しているのでしょうか。

倫理の根拠

さきにも申しましたように、龍樹の空の思想には、世間の道徳・非道徳その他のよい信条や慣行を、実体はないが、空の現われとして建立しなければならない、という意図も含まれていました。善い行為によって未来に幸福を得、悪い行為によって未来に禍を得る（因果応報）、そしてその行為の禍福の果報は、行為をなした当人だけに現われる（自業自得）ことを説く輪廻説は、インド文化圏あるいは仏教圏において、社会の倫理に根拠を与えうる唯一の理論でありました。

一神教の世界、西欧の世界においては、道徳・倫理は宇宙の創造主である唯一なる神の掟、命令として成立しています。しかし、そのような唯一なる神をもたなかったインド世界では、輪廻説こそが道徳を根拠付ける唯一の理論であったのです。輪廻説なしには仏教社会の倫理も成り立ちませんでした。

十二縁起は龍樹の当時の仏教界において、輪廻と道徳を説くもっとも重要な、そしておそらくもっとも合理的な教説となっていたのです。龍樹は、実体的に語られる十二縁起ではなくて、空の現われとしての、仮のものではあっても有意義な業報輪廻の教えとしての十二縁起を、世間に打ち立てようとしたのです。

善も幸福も迷い

しかし、仏教では、時代と学派の相違を問わず、業報輪廻は迷いの生存における善悪の行為と禍福の果報との関係を説く理論でありまして、けっして、さとりの世界にかかわるものではありませんでした。

神々（天）の世界に生まれようと、地獄に落ちようと、それはいずれもなお迷いの世界、輪廻のうちの出来事でありました。神々や人間の世界に生まれることは幸福であり、地獄・餓鬼・畜生（・阿修羅）に生まれることは不幸でありますが、その幸・不幸とも迷いの生存における出来事であり、輪廻のなかでの出来事であります。

人は称賛や名誉や利益を得るためにも善を行ないます。かりにそれによって幸福を得ることができるとしても、それはさとりとは遠く離れたことであります。人間の善も悪も等しく迷いなのです。

解脱とは輪廻からの解放であり、さとりとは業報輪廻を超えたところに得られるものであります。業報輪廻そして道徳は、迷いの世界にほかならない世間の秩序を打ち立てることはできるにしても、私たちは道徳で救われ、輪廻を超えることはできません。

二　輪廻を超える道——『因縁心論』和訳

『因縁心論《いんねんしんろん》』というわずか七詩節からなる小著とそれにたいする注釈がありまして、いずれも龍樹の作品とされています。この『因縁心論』では、龍樹は十二縁起を解説して輪廻を説きながら、しかも輪廻を超えるさとりにいたる道を説いています。それほど長いものでもありませんから、以下に梵・蔵・漢のテキストを参照した全文の試訳を掲げます。

煩悩・業・苦

「ここに聞法を欲する沙門で、学識・記憶・理解・推理・批判の能力を兼ね備えたある弟子が、師のもとへやってきて、如来の教えについてこう尋ねた。

——尊師よ、ここに、〔釈迦〕牟尼《むに》によって縁起せるものと説かれたかの十二の支分は、(一ab)どこに収まると見るべきでしょうか、お聞きしたいと思います、と。

師は彼が教法の真理を問うているのを知って、こう答えた。

煩悩と業と苦との三つにことごとく収まる。(一cd)

といって、分明にしてゆきとどいたことばをこう語った。——そのうち、十二とは十と二である。支分というのはそれらの支が区別であるからであって、車の部分のように部分であるというのである。身と口と心で沈黙しているから牟尼(沈黙の人)という。その牟尼によって、説かれた、というのは、語られた、明らかにされた、というのと同義語に属す。それも原質(サーンキヤ派の説く世界原因)・決定性・プルシャ(宇宙を創造する霊人）・他に頼るもの・自在神・時・自然・自発性・天命・偶来性などのもろもろの原因より生じたのではなくて、これは、縁起せるもの、である。これらの十二支は煩悩と業と苦とのなかで、蘆束のように相互に依存していて、三者のなかにことごとく収まるのである。ことごとく、というのは、余すところなく、という意味である。

十二支と煩悩・業・苦

問う――これらの原因である支分がそこに収まるという、その諸煩悩とは何であり、業とは何であり、苦とは何でありましょうか。

答える――、

第一と第八と第九とが煩悩である。（二一a）

十二（支）分の第一は無明であり、第八は愛であり、第九は取である。この三は煩悩であると知りなさい。かの業とは何かというと、

第二と第十は業である。（二一b）

第二は行であり、第十は有である。この二つのものは業に収まると知りなさい。

残りの七つはまた苦である。(二c)

煩悩と業とに収まるこれらの(支)分の残余の七つの分なるものは、苦に収まると知るべきである。すなわち、識・名色・六処・触・受・生・老死である。また、という語は接続的意味で使われていて、愛〔するものとの〕別離・怨憎〔との出〕会・求不得(もとめて得られない)苦などを含む。

十二のものはただ三つに収まる。(二d)

こういうわけでこれらの十二のものは業と煩悩と苦に〔収まる〕と知りなさい。ただ、という語は過剰な語を断ち切るためであって、経典に説かれているものはこれら〔三つ〕だけであって、それらよりほかには何もない、と知らせるためである。

煩悩・業・苦の関係

問う——それらは分かりましたので、煩悩と業と苦とは、いずれがいずれから生じるのか説明してください。

答える——、

三より二が生じる。〔三a〕

煩悩といわれる三（無明・愛・取）から業といわれる二（行・有）が生じる。

二より七が生じ、〔三b〕

〔七とは〕先に説いた苦（識・名色・六処・触・受・生・老死）といわれるものである。

七より三が生じ、〔三bc〕

〔三とは〕煩悩といわれるものである。そしてまた煩悩というその三から〔業という〕二が生じて、

かく繰り返してその有の輪は、けれど〔定まらずに〕転じる。〔三d〕

有とは三種あって、欲と色《しき》と無色《むしき》〔の有〕（欲望の生存、欲望はなく物質のみの生存、欲望も物質もない生存）といわれる。それらのなかを、この愚かな世人は、止まることなく廻る輪となって、けれど〔定まらずに〕、みずから、めぐるのである。けれど、という語は定まりのないことを示す意味である。車輪は順を追って廻るのだが、〔世人は〕そのように〔欲・色・無色の〕有のなかに〔順次に〕生じるのではなくて〔順序は〕定まっていないと説いているのである。

有情とは何か

問う――それでは、すべての身体の主である有情というのは何であり、その作用はどのようなものでしょうか。

答える――、

世界はすべて因と果であり、（四ａｂ）

比喩的にではなく、

ここにはほかにいかなる有情もない。（四ｂ続）

これは真実として考察されてのことであって、ただ比喩的表現として〔そうだというの〕ではない。比喩的にあるものは、実際としてそうであることにはならないのである。

問う――もしそうであるならば、それでは誰がこの世からかの世へ行くのですか。

答える――ここからかの世へ微塵ほどのものも移りはしない。そうではなくて、

空にすぎないものから空なるものが生じるだけである。（四ｃｄ）

われ（自我）とわがもの（自我の所有）の空なる、煩悩と業といわれる原因である五つ

のものから、われとわがもののない、苦と呼ばれ、結果として構想された、七つの空なるものが生じる、という意味である。つぎのことがいわれているのである。自我も自我の所有もないし、これらの〔十二支なる〕ものは、相互に自我となり、自我の所有となるのではなくて、かえって、実体として自我なきもろもろのものから、実体として自我なきもろもろのものが生じるのだ、とそのように理解しなければならない、と説いているのである。

自我のないこと

ここに問う――実体として自我なきものだけから、実体として自我なきものだけが生じる、ということにはどんな譬えがあるでしょうか。

答える――、

授経・灯火・印・鏡・音声・太陽石・種子・酸によって、（五ａｂ）

これらの譬えを考察することによって、実体として自我のないことと、かの世の存在することとを知るべきである。たとえば、誦えることばが師の口から弟子に移るとすれば、師のその誦唱はないことになるから、じつは移ってはいない。けれども弟子の復唱することは他の所からくるのでもない。そうならば原因がないことになってしまうからである。

死ぬ時点の心もちょうど師の口の誦唱のようなものであって、それはかの世に赴きはしない。〔もし赴けば〕恒常の誤りになるからである。かといって、かの世は他の所から生じるのでもない。〔もし他の所から生じれば〕無因の誤りに陥るからである。

あたかも師の誦唱を原因として生じた弟子の復唱は、〔師の誦唱と〕同一であるとも別異であるともいうことができないように、死ぬ時点の心に依って〔生じた〕生まれる時点の心も同じようであって、〔死ぬ時点の心と〕同一であるとも別異であるとも、いうことはできないのである。

同じように、あたかも、灯火から灯火が生じ、顔から鏡のなかの映像が、印から印影が、太陽石から火が、種子から芽が生じ、酸い果実〔を他人が食べているのを見ること〕を原因として頬に水〔涎〕が流れ、音声からこだまが生じるが、それらも〔前者と後者とが〕同一であるとも別異であるとも知るのはむずかしい。そのように、

知者たちは蘊の続生と無移行とを理解すべきである。〔五cd〕

そのうちで、蘊とは色・受・想・行・識の〔五〕蘊である。それの続生《ぞくしょう》（結生《けつしょう》）というのは〔それらが〕滅して、それを原因とする他なる〔結果〕が生じることである。〔しかも〕この世よりかの世に微塵ほどの事物も移り行きはしない。そうであれば輪廻の輪は誤った分別の習気《じっけ》によって生じさせられたものである。

真実を見る

あとの、「と」という語は還滅〔の意〕であって、前述〔の順序〕と逆であると知りなさい。〔すなわち〕諸事物を無常・苦・空・無我であると観察するならば、諸事物に迷うことはない。迷いがなければ愛着しない。愛着しなければ憎むことはない。憎悪がなければ業を作らない。業を作らなければ事物を自分のものとして取り込むことはない。取がなければ有を為作しない。有がなければ生じない。生じていなければ身体や心に苦は生じない。こうしてこの世でかの五種の原因（愛・憎・業・取・有）を集めないから、かの世において結果は生じない。これを解脱という。かくして恒常と断滅の〔両〕極端などの悪見が除かれるのである。

この点について二偈がある——、

はなはだ微細なものごとについても人が断滅を分別するならば、この愚か者は縁起の意味を見ないのである。（六）

この世には除去さるべき何ものもなく、定立さるべき何ものもない。真実を真実に見ねばならぬ。真実を見る者は解脱する。（七）」

三　輪廻は夢——『因縁心論』の解説

輪廻の主体

十二縁起の支分を煩悩と業と苦（あるいは事）とに三分することは、『十地経《じゅうじきょう》』、『大毘《だいび》婆沙論《ばしゃろん》』、『倶舎論《くしゃろん》』、『大智度論《だいちどろん》』などにも見えるものです。のちにこの点に触れます。縁起というのは、古代インドで世界や諸事物の原因と考えられていた、原質、霊人、自在神、自然、偶然などとは違ったものである、と龍樹はいいます。十二の支分を収める煩悩・業・苦の三つは、ちょうど三つの蘆や稲の束がたがいに支えあって立っているようなものです。

支分の説明が終わったのちに、弟子が、輪廻の主体である有情、そしてその作用とは何であるかを問うのに答えて、龍樹は、有情の個体存在の諸要素である五蘊の因果関係だけが十二支分の連鎖を構成するのであって、そこに自我とか有情といわれる輪廻の主体などは存在しない、といいます。

輪廻として解釈された十二縁起について、輪廻の主体としての自我は存在しないで、ただ五蘊のみが次々と因果の連鎖を構成するだけである、ということは説一切有部でも申します。無我を基本的な原理とする仏教では、輪廻の主体としての自我は存在しません。

しかし、龍樹は有部よりも一歩も二歩も進めて、この世からかの世へは微塵ほどのものも移りはしない、といいます。いかなる実体も、この世で死んでかの世に生まれるわけではなく、ただ、空にすぎないものから空にすぎないものが生じるだけである、というのです。

それは比喩的な表現ではなくて、真実として、主体のない因果、空の因果があるだけである、というのです。識も有も生もなんら実体のないもので、その空なる五蘊から空なる五蘊が生じるのがいわゆる輪廻であります。

空なる五蘊

空なる五蘊から空なる五蘊が生じる、とはどういうことかという質問にたいして、龍樹は授経以下八種の比喩をあげて説明します。

経典を教えるのに、師匠が経文を誦え、弟子がそれを復唱するとします。経文を誦える師匠のことばは、そのまま弟子に移るわけではありません。しかし、弟子の復唱のことばは、師匠以外のどこからかやって来たわけではなくて、やはり師匠の口から出たものを原因とするのです。その両者の関係は、同じでもなく別でもない、ということになります。それは、種子から芽が出るときに、種子と芽とは同じでもなく、別でもないのと同様です。

龍樹は因果関係を否定するときにも、原因と結果とは同じでもなく別でもない、といっていました。原因が結果と同じでもなく別でもない、ということは原因は原因としての実体をもたず、結果も結果としての実体をもたないこと、ともに空であることでした。ここでも、同じ論理がはたらいているのです。

生まれかわり

私どもの死ぬ瞬間の心（死有）と次の世に生まれる瞬間の心（生有）との関係も同じだ、と龍樹はいいます。心は瞬間的存在でありますから、死有がそのまま生有となるわけでもなく、また生有が死有と別であるならば、同じ人が生まれかわったことになりません。ここでも、死有と生有とは同じでもなく別でもない、つまりともに空であります。ちなみに、死有と生有とを直接に結び付けている龍樹は、有部の説く中有を認めていなかったことが分かります。

五蘊がこの世で死んで次の世に生まれかわったというとき、そこに五蘊の続生はあります。しかし、なにか実体のある人が、この世からかの世へ移行するわけではありません。「続生」と訳したことばは、じつは有部のいう「結生」と同じものです。

空なる五蘊が死んで、空なる五蘊が生じるというのであれば、そこにこの世からかの世に移行するなにものもないことになります。そこで龍樹は言いきります。「輪廻の輪は誤った分別の習気《じっけ》の所産にすぎない」と。習気とは習慣性、潜在的な印象のことです。輪廻の観念は人の誤った判断にほかならない、というのです。

輪廻は夢か

輪廻は夢のようなものです。夢はない、とはいえません。悪夢に苦しんでいる人にとっては、これほど深刻な事実はないでしょう。しかし夢から覚めたときに、人はそれが現実でなかったことをはじめて知るのです。それと同じように、私たちが迷いの生存を生きているかぎり、輪廻は事実です。しかし、さとったときにはじめて、私たちは輪廻が存在しなかったことを知るのです。

第六詩節の「はなはだ微細なものごとについても人が断滅を分別するならば」云々という箇所は、これだけではよく分かりません。じつはこれと同じ詩節が、龍樹の他の書物『六十頌如理論《ろくじゅうじゅにょりろん》』に出ていまして、それと比べますと、ここで龍樹は、さとるのには十六瞬間の心が必要である、という有部のこまかな理論を批判しているのです。それはたとえば、死と生とのあいだに中有という、なくもがなの存在を介入させる有部を批判するようなものです。ここで、その微細なものごとに立ち入る必要はありません。

『十地経』と『因縁心論』

『因縁心論』に見られる龍樹の思想には、じつは先蹤がございます。龍樹が精読していたはずの『十地経』の第六地に、『因縁心論』の第一―六詩節に符合する文章がありま
す。

さて、これらについて分類するならば、⑴根本の真理についての無知（無明）と、⑻愛着（愛）と、⑼まよいの存在への執着（取）とは、煩悩の心が流転するのであって、つねに相続いて流れる。⑵主体的行為（行）と、⑽まよいの存在（有）とは、業が流転するのであって、つねに相続いて流れる。それら以外のものは、苦悩が流転するのであって、つねに相続いて流れる。過去世のまよいの存在が滅してお

り、来世の迷いの存在ももはやないならば、これらの流転は絶滅する。かくのごとくにして、三種の流転はつぎつぎに生成し、また滅亡する。個我的主体はなく、個我的主体に属する行動もないままに。その真実のありかたは、あたかも三本の蘆が一つに束ねられると、相寄って立つごとくである。（荒牧典俊氏訳）

龍樹のいう、移行のない続生の考え方はこれも『十地経』第六地に見えます。

かの菩薩は、このように十種の真実相によって、さまざまな条件に条件づけられてまよいの存在が生成してゆく真実を、さとりの知によって諦観して、そこに自己なるものはない、衆生なるものはない、生命あるものはない、人間なるものはない、実体的なるものはなく空である、行動する個我的主体も苦悩をうける個我的主体もどこにもない、とさとりの知によって諦観するのであるが、そうしているうちに、空であるがままの如性によって、自由な解脱をさとる種々なる道（空解脱門《くうげだつもん》）が現前してくる。（荒牧氏訳）

章が見えます。

鏡の影像

中観派が尊重した『稲芊経《とうかんきょう》』には、自我のない、因と果の続生を鏡の影像に譬えた文章が見えます。

そのさい、いかなる事物もこの世からかの世へ移行しない。しかも、すべての原因や条件が欠けていなければ、業の果の現われることが認められる。ちょうど、ごく浄らかな鏡の面に顔の影像が見られるとき、顔がその鏡の面へ移行するわけではないけれども、しかもすべての原因や条件が欠けていないために、顔が写されるのであるように、そのように誰かがこの世で死ぬわけでもなく、かの世に生まれるわけでもない。しかもすべての原因や条件が欠けていないために、業の果が現われるのである。……あたかも火の原因や条件が欠けていると燃えあがらないが、原因や条件が完全に備わると燃えあがる、ちょうどそのように、所有者のいない諸事物があるとき、わがものでもなく、執持されてもおらず、虚空のごとく、本性として幻のような形の諸事物があって、すべての原因や条件が欠けていなければ、業と煩悩によって生じさせられた識の種子が、いずれかの生処に続生するとき、母の胎内に名色の芽を生じさせるのである。

第八章　縁起と空

一　空の逆説

八不

龍樹は『中論』冒頭の帰敬偈《ききょうげ》（仏・菩薩にたいする礼拝の詩）において言います。

滅しもせず、生じもせず、断絶もせず、恒常でもなく、同一でもなく、異なりもせず、来たりもせず、去りもしない、そして多様な思いを超越し、至福なる縁起を、完全にさとった〔ブッダ〕は説いた。その説法者のなかの最高なる人に私は礼拝する。

鳩摩羅什《くまらじゅう》による漢訳では「不生また不滅、不常また不断、不一また不異、不来また不出、能く是の因縁を説き、善く諸〔々〕の戯論《けろん》を滅す、我れ稽首《けいしゅ》して仏、諸説中の第一を礼す」となっています。

サンスクリット文では「滅しもせず、生じもせず」という句は、鳩摩羅什訳では「不生また不滅」となっていて、不生と不滅の順序が逆になっていますが、これには特別の意味があるわけではありません。サンスクリット語の詩にはかなり面倒な韻律法がありまして、シラブルの数だけでなく、その長短にも規則がありますので、「滅しもせず、生じもせず」としないと韻律法に背くだけのことです。

漢訳の場合、ここでは一句を五字ずつにするだけですみますから、「不生また不滅」とふつうの順序にしたのです。『般若灯論《はんにゃとうろん》』や『大乗中観釈論《だいじょうちゅうがんしゃくろん》』などに含まれる『中論』の他の漢訳では、「不滅また不生」とサンスクリット文に合わせて訳しています。

漢訳ではかならずしもはっきりいたしませんが、サンスクリット文では、「滅しもせず、生じもせず」などの八個の否定（ふつう八不《はっぷ》といいます）は、いずれも「縁起」にかかる形容詞となっています。続いて「多様な思いを超越し（諸々の戯論を滅す）」およぴ「至福なる（善く）」という二句も、「縁起」にかかる形容詞です。

鳩摩羅什訳では「善く諸々の戯論を滅す」だけがあって、原文の「至福なる」にあたるものがありません。ですから、この「善く」（「善にして」）を至福にあたるものと解釈すれば、二句ともそろうことになります。至福とは吉祥、至善などの意味ですから、鳩摩羅什は一句五字に制約されたので至福に「善」をあてたのだ、と考えることもできます。

空の縁起

八個の否定および「多様な思いの超越」「至福」など、すべてが縁起の形容詞であるということは、龍樹の考えている縁起が、説一切有部その他の縁起説とは違って、空の縁起であり、その空の縁起を説いたブッダに礼拝する、ということであって、たいへん重要な意味をもってくるのです。

生じも滅しもしない、有るのでも無いのでもない、来るのでも去るのでもない、というように、二つの矛盾概念の両方をともに否定するということは、それらによって形容されている縁起が、じつは空の同義語であることを示しているからであります。それについては、すでに第五章「空の論理」や第七章の初めのところで、お話しいたしました。八個の否定という数に特別の意味はありません。このような否定はあらゆる概念について語ることができるはずですから、否定の数は無限にあってもよいわけです。あるいは後期中観派が行ないましたように、「単一でもなく複数でもない」という二語の否定に収めることもできます。

縁起と因果

縁起(S・プラティートヤ・サムウトパーダ、P・パティッチャ・サムッパーダ)ということは、「縁って生じること」の意味で、ものが原因・条件によって生じることでありますから、因果関係と理解してよいわけです。さき(第六章)にお話ししました二種縁起のように、苦あるいは迷いの生存という結果の究極的な原因を追究する縁起は、因果関係であります。また、連鎖縁起のように、有情の生死・輪廻の過程を原因と結果の連鎖として考察するのも、因果関係であります。

しかし、龍樹の場合には、因果関係だけではなくて、主体とその作用、主体と客体、認識とその対象、相依性なども縁起に含めますから、縁起を因果関係だけに限定することはできません。この場合、縁起は関係一般といってもよいほどに広義のものとなっています。私は、縁起は「依存性」と思い切って訳してもよいと思っています。

相依関係としての縁起

いままでに見てきましたように、龍樹は、ものはそれ自体からも生じないし、それと他なるものからも生じない、といって因果関係を否定します。自体と他体とは矛盾する二概念ですから、すべてのものは自体と他体とに含まれます。したがって、ものは自体からも、他体からも生じない、といえば、因果関係一般が否定されます。

また、原因と結果というときに、原因は結果なしに原因ではありえません。結果も原因と独立に結果であることはできません。そうすれば原因・結果というのは、長と短とか、父と子というような、相対概念、相依性になってしまいます。ここでは因果関係も一種の相互作用として理解できます。あるいは、原因が結果を生じさせる、と考えれば、因果関係は主体と作用との関係になります。認識と対象も龍樹は一種の相依関係に還元していることは、これも第五章で見たとおりです。

いずれの場合にも、原因や結果、相対的な関係にある二つのもののそれぞれを、自立的・不変不滅の実体と考えたときには、因果関係も相対関係も成り立ちません。原因は結果と独立に原因であることはできません。また原因を実体と見なせば、原因が結果に変化することもできません。

父と子はその相手と独立に父であり、子であることはできません。したがって、父あるいは子が自立的に、不変不滅の存在、つまり実体としてあることはできません。それが、あらゆるものは実体がない、つまり、空である、ということなのです。

龍樹は、人々はこれらのことばに本質を見、実体として考えたり、さらに、学者はそのような立場から有の形而上学を打ち立てたりするのだが、そうであれば世の中のあらゆる言語習慣や行動規範が成り立たなくなる、道徳も救済もありえなくなくなるのだ、といっていたのです。ですから、空の思想というものは、すべてのものが空でなければばいかなるものも成立しない、という逆説なのです。

形式論理の超越

このような空の逆説を、龍樹は不生不滅とか不一不異、不来不去というような言い方で表わしたのです。通常の論理では、生じていないということは滅しているということです。同一でないということは異なっているということです。来ていないということは去っているということです。

生とともに滅を、一とともに異を、来とともに去を、ともに否定する龍樹の論法は、形式論理的にいえば排中律に背いています。しかし、このことは、いわゆる形式論理は、概念と存在とを同一視するもの――これは形式論理自身が宣言する基本的原則です――であって、現象の現実を説明するものではない、ということを意味するのです。

この形式論理の立場を説一切有部の立場と考えれば、形式論理を超越した龍樹が、その逆説的な論法によって有部を批判したという事実が、よく理解できると思います。ここで、形式論理を超越した、といいましたのは、龍樹も、最高の真実（勝義《しょうぎ》）ではなくて、世間一般のことがら（世俗《せぞく》）を議論するときには形式論理に符合する論理を使用しているからです。

二　来たりもせず去りもせず

不来不去の伝統

龍樹の八個の否定を「来たりもせず去りもせず」という一句に収めることもできます。じつは不来不去といいますと、原始仏教以来の長い伝統を跡づけることができるのです。パーリ聖典の『中部』七二経は『ヴァッチャゴッタ火喩経』といいますが、これは漢訳の『雑阿含』九六二経および『別訳雑阿含』一九六経に一致します。この経には、ヴァッチャ種族の男とブッダとのあいだのつぎのような問答があります。

ヴァッチャはブッダのところへやって来て、世界は時間的に有限か無限か、空間的に有辺か無辺か、自我は身体と同一か別異か、如来は死後に存在するか存在しないか、という当時しばしば議論された形而上学の問題について質問いたします。
最後の、如来は死後に存在するかどうか、という問題について、ブッダはヴァッチャに反問します。お前の前で人が大きな火を燃やすとして、その火は消えたのちに、東へ去るのか、西へ去るのか、南へ去るのか、北へ去るのか、と。

ヴァッチャは答えます。草木や牛・馬の乾いた糞をつぎつぎとさしいれれば火は燃え続けますが、その薪がなくなれば火は自然に消えてしまうのであって、いずれかの方角へ去るのではありません、と。

ブッダはいいます。それと同じように、如来や解脱した比丘は、身体・感受・表象・意欲・意識の五蘊を断じてしまえば、また生まれるということはない。如来は、東・西・南・北のいずれの方角から来たのでもなく、死してのちに東・西・南・北のいずれかの方角へ去るわけでもない、それはちょうど、ターラ樹（棕櫚）の頭を切ると、その樹は死してももはや生じることがないようなものである、と。

第一義空経

ここには如来の死後の生存に関して、不来不去が明らかに説かれているのです。漢訳の『雑阿含』三三五経は、サンスクリットで残る論書にも引用されている重要な経典ですが、そこには第一義空経といわれる教義が述べられています。

眼は生じるときに来る処もなく、滅するときに去って行く処もない。このように眼は実際には生ぜず、生じおわれば尽き滅する。業報はあるが〔その業の〕作者はない。この身心が滅してしまうと、異なった身心が相続する。……耳・鼻・舌・身体・意識についても同様である。

この経典はこれに続いて、世俗の「法の約束ごと」としては十二縁起に説かれるような業報輪廻はあるが、最高の真実（勝義・第一義）としては空である、ともいっていまして、龍樹の『因縁心論』にそっくりであります。

ブッダのころまでのインド人は、概して、あらゆるものは単数あるいは複数の実体から生じ、滅するとまたそこへ帰る、という考え方をしていたようで、因果律というものは発見されていなかったようです。ブッダが、Aがあるときに Bが生じ、Aがないときに Bは滅する、という形の縁起説を説いたのは因果関係の帰納を見出したのであって、それはそれまでのインドになかった考え方である、とスリランカ出身のすぐれた仏教学者ジャヤティレケがいっています。

もっとも上記の経典に現われている縁起観、また龍樹の縁起説はさらに発展していて、因果律だけではないことは、すでに申しあげましたとおりです。

『老女人経』

『老女人経』という経典があります。これはかなり大乗の影響を受けた経典でありますが、そのなかには、生老病死・五蘊・六根（眼・耳・鼻・舌・身・意）・五大（地・水・火・風・空）などが従来する所もなく、去り行く所もなく、因縁のみによって生滅することは、あたかも二本の木をこすって火が生じ、薪が尽きれば火が消えるようなものである、といっています。

この経では比喩の数が増していて、鼓の音は皮やばちや人の打力によって生じる、雨は龍の身や心だけから生じるのではなくて、龍や雲などの因縁による、壁画は壁だけ、あるいは絵師だけから生じるのではなくて、それらと絵具その他の諸縁によって完成する、など、おそらく『八千頌般若経』からの引用と思われることをも述べています。

如来は去来せず

『八千頌般若経』や『二万五千頌般若経』の末尾には、常啼《じょうたい》（サダープラルディタ）と法上《ほうじょう》（ダルモードガタ）の二人の菩薩をめぐる長大な物語が展開いたします。

常啼は自分が無仏の世に生まれたことを嘆き悲しみ、泣きながら求道を続けていました。あるとき彼は空中に響く声が、東の方へ行って「智慧の完成（般若波羅蜜）」を求めよ、と教えるのを聞きます。声が消えたときに彼は、どこまで行ったらよいのか、私はあの声に尋ねなかった、と気がつき、涙をながして嘆きます。

彼が七昼夜もその場所にとどまって、身体の疲れや飲食や寒さ暑さに気をとられず、智慧の完成を聞くことのみを思っていたとき、如来の姿が現われ、東の方角に五百ヨージャナ隔たったところにあるガンダヴァティーの都にいる法上菩薩がお前の師であるから、そこへ行って智慧の完成を聞け、と激励します。

常啼がその同じ場所で種々の三昧に入っていると、十方の世界において菩薩たちのために智慧の完成を説き明かしている無量、無数の諸仏世尊が眼の前に現われました。三昧から立って、諸仏が消え去ったときに、彼は「これらの如来たちはどこから来られて、どこへ去られたのであろうか」といぶかります。

いくたの苦難を経たのちに、ようやく法上菩薩に会うことのできた彼は、まず、自分が瞑想のなかで見た無数の如来たちは、どこから来て、どこへ去ったのか、を法上菩薩に尋ねます。その問いに答えて、法上は説き始めます。

如来は不動の如性であって、生じたものではないから、行ったり来たりはしない。夏の暑い日差しのなかに現われる逃げ水は、どこから来てどこへ去るというのか。東か西か南か北か。逃げ水に水の実体はありはしないから、それは来ることもなく去ることもない。

幻術師が魔法で作りだした軍隊、人が夢のなかで見た如来、ヴィーナー（弦楽器の一種）の音などは、どこから来るのでもなく、どこへ去るのでもない。それらすべてはさまざまの原因・条件によって現われ、原因・条件が欠ければ消える。実体のない空なるものに去来はない。如来は空性にほかならず、その如来に去来はない、と法上菩薩は説きます。

現前するほとけ

『般舟三昧経《はんじゅざんまいきょう》』は浄土教にとっても重要な経典でありますが、この経は般舟三昧（現在諸仏の面前に立つ行者の三昧、あるいは、行者の面前に現在諸仏が立つ三昧）を説いています。

菩薩はひとり閑静なところに行って坐り、阿弥陀仏に心を集中する。彼が七日七夜、心に散乱なく、阿弥陀仏を憶念すると、尊き阿弥陀仏を見ることができる。たとえ彼が昼間に世尊を見ないとしても、眠って夢を見ているあいだに阿弥陀仏を見るのである。

この菩薩は神秘的な視力（天眼《てんげん》）を得ることによって如来を見るのでもなく、神秘的な聴覚（天耳《てんに》）を得ることによって妙法を聞くのでもなく、神秘的な行動能力（神足《じんそく》）を得ることによって一瞬のうちに阿弥陀仏の世界に行くわけでもない。この菩薩はこの世界にいながら、阿弥陀仏を見て、自分がかの世界にいると考え、教えを聞く。仏の力と三昧の力と菩薩の植えた善根の力とに縁って如来を見る。

ちょうど人が浄らかに磨いた鏡に自分の姿を写して、その映像が現われたとしても、それはその人が鏡のなかに潜ったのでもなく、映像が鏡のなかから生じたのでもないように、般舟三昧によって現われる阿弥陀仏はどこからも来るわけでもなく、どこかへ行くわけでもない。このように『般舟三昧経』は説いているのです。

このような思想の系譜を見てみますと、龍樹が突然に「来たりもせず、去りもしない縁起」を言い出したのではなくて、彼はそれまでの仏教において熟成されてきた不来不去の縁起を継承して、これを理論的に説明したのだ、ということが分かるのです。

エピローグ

戦争中に軍隊にいた人はみな日本国家への忠節と世間の道徳との相剋に苦しみました。当時は、天皇のために一人でも多くの敵兵を殺すことがいわば最高の忠義でありましたが、世間の道徳では人殺しは最大の罪でした。軍隊は進撃した先々で住民の食料や住居を徴発しましたが、それは盗み以外のなにものでもありませんでした。戦時中には、人命は鴻毛よりも軽し、といわれましたが、戦後の平和な時代になると、人命は地球よりも重し、といわれるようになりました。私たちの短い生涯においても、道徳というものが、時代と社会の変化につれてたよりなく変わるものであることが如実に経験されました。

仏教の実践

仏教では在家のための不滅の道徳として五戒が立てられています。生きものを殺すな（不殺生）・盗みをするな（不偸盗）・不倫を行なうな（不邪婬）・嘘をつくな（不妄語）・酒を飲むな（不飲酒）という五つです。大乗仏教ではこの五戒よりも十善が在家・出家をとわずに重んじられました。十善の初めの四つは五戒の初めの四つと同じですが、第五以下は、二枚舌（両舌）・悪口・ざれごと（綺語）・むさぼり（貪欲）・いかり（瞋恚）・よこしまな考え（邪見、愚痴）を慎むこととなっています。十善の特色はことばに関する戒めが四項目に増えていること、貪・瞋・痴という煩悩が悪行へ導く道（業道）として加えられていること、そして不飲酒の項目が欠落していることです。もっとも般若経や龍樹は、十善を述べたあとで、あたかも第十一善のような形で、不飲酒をも付け加えていますから、酒を飲んでもよい、というわけでもなさそうです。

大乗仏教ではこの十善に加えて六波羅蜜も説かれます。これは布施・持戒・忍辱・精進・禅定・智慧の六項目ですが、空の理解によって宗教的なさとりの行に転換されますと、それぞれに宗教的な「完成」を意味する「波羅蜜」という語が添えられて、布施波羅蜜ないし智慧波羅蜜といわれます。十善と六波羅蜜を合わせますと、大乗の戒は社会的な道徳と宗教的な修行とを兼ね備えていることになります。

『ラトナーヴァリー（宝行王正論）』という著書のなかで、龍樹はサータヴァーハナ王朝の一王に向かって幸福（繁栄）と解脱の二つの道を説いています。彼はまず、十善に背くことによって、短命・苦悩・貧困・人の怨み・恐怖・不運をはじめとして、地獄・餓鬼・畜生などの悪い世界に生まれるという苦の報いがあり、逆に十善を守ることによって、人間や天界に生まれることをはじめとする、あらゆる幸福と繁栄に恵まれることを説いています。ここでは龍樹は世俗における業報輪廻の教義を受け入れて説いているのです。

絶対の安らぎの世界

しかし龍樹はここで一転して、私たちの個体存在（五蘊）もこの世界もすべて「われがある」という自我意識と「これはわがものである」という所有意識との所産であって、ちょうど、鏡に写った自己の影像のように実在しない、と続けます。個体存在も世界も自我意識と所有意識の影であり、幻や陽炎のように、実体として存在はしない。またその影像のもとである自我も実在しない、といいます。あたかも種子が腐っているときには芽はけっして生じないように、自我意識が迷妄であるときに、私たちの個体存在も世界も実在するわけはない、といいます。

そうであれば、実在しない自我意識と実在しない個体存在や、世界のなかにある善因楽果・悪因苦果ということも、最高の真実の立場からは実在しない、と龍樹はいうのです。善悪の行為に果報はないという虚無論も誤りであるが、善悪の行為に果報が実在するという実有論も誤りであるから、この二つの極端な見解を滅し、善悪の行為と禍福の果報を超越することによってのみ解脱、すなわち涅槃の境地が得られる、といいます。

世間の道徳（世俗諦）と宗教的なさとり（勝義諦）とをともに真理として説きながら、しかもその二つの真理を厳しく区別し、絶対の安らぎである超越的な勝義の優位性を教える龍樹の思想を理解することはけっして容易ではありません。

しかし、たとえば、私が道徳を否定する虚無論を信じて、殺人や窃盗を犯したならばどうなるでしょうか。きっと私は後悔と恐怖に責め苛まれて地獄に落ちるに違いありません。たとえその地獄が悪夢にすぎないとしても、その悪夢の消えないかぎり、私の苦しみが安らぐわけではありません。私たちのこの現実における迷いの生存もいわば悪夢の生存でありますから、夢から覚めないかぎり、苦悩は尽きることがありません。地獄・餓鬼・畜生（・阿修羅）・人間・天上という五道（あるいは六道）の生存は、禍福に程度の差こそあれ、私たちの迷いの夢にほかなりません。夢のなかでの天界や人間の幸福は、夢のなかでの地獄・餓鬼・畜生・阿修羅の不幸と同じように、ひっきょう輪廻の苦にすぎません。龍樹は、夢から覚めよ、覚めて絶対の安らぎの世界を見よ、といっているのです。

有限性の自覚

仏教が私たちを地獄・餓鬼・畜生・阿修羅・天界の生きものと並べて有情（衆生）と呼んでいることには深い意味があります。私たちはこの世界において、ともすればあまりにも人間中心的に生きています。他の生きものや植物や自然を人間に従属させて生きています。仏教が有情の五道・六道における輪廻を説くのは、人間がじつは地獄や動物や神々と、そして植物や自然と切り離すことのできない存在であり、それらのなかの一部にすぎず、その意味で有限的な存在であることを示しているわけです。人間は地獄や餓鬼や動物や、その他のものと本質的に変わりはしない。他の生きものとの連帯のうちでのみ生きてゆける人間の有限性、いわば空間的な有限性に気付くことが、私たちの自覚の第一歩でなければならないのです。その自覚こそが、人類がいま直面しているさまざまな、そしてもっとも根源的な諸問題――生態系の破壊・環境汚染はては地球滅亡の危機などの諸問題にたいして、私たちの取るべき最初の態度であるはずなのです。

　また近代においてあまりにも世俗化した生活をしている私たちは、人間の死を、自分自身の死でさえも、あたかも土塊や瓦の壊れるのと同じように、あるいは人ごとのように思いがちです。死んでしまえばすべて終わり、という考え方は、人が自分を物質的対象として扱い、自らの生を侮蔑して生きていることにほかなりません。そのような態度からは人間の向上も、より高いさとりの世界への門も閉ざされてしまうのです。むしろ、私が死んだら、また蜘蛛や犬や神々として生まれかわるのだ、と考えるほうが救いに近いといえるでしょう。自分がやがては死ぬ身である、という人間の時間的有限性の自覚、仏教でいえば無常観を生きることこそが、私たちを不死の世界に導くのです。

業報輪廻の教えは究極的には絶対の安らぎによって超越されねばならないものですが、業報輪廻という人間の有限性の自覚は、絶対の安らぎへの超越のための跳躍板であることも確かです。それは道徳はそれ自体が救いではないにしても、道徳的自覚のないところに宗教的自覚は生まれないということなのでしょう。

本書は『空入門』（一九九二年刊）の改題新版である。

（著者略歴）

梶山雄一（かじやま・ゆういち）

1925年、静岡県に生まれる。京都大学文学部哲学科卒。京都大学名誉教授、文学博士。2004年逝去。

著書に『般若経』『「さとり」と「廻向」』『梶山雄一著作集』全８巻、『講座・大乗仏教』（共編）など多数。

スタディーズ 空

二〇一八年四月二〇日　初版第一刷発行

二〇二三年二月二〇日　　第二刷発行

著　者　梶山雄一

発行者　神田　明

発行所　株式会社春秋社

東京都千代田区外神田二―一八―六（〒一〇一―〇〇二一）

電話　〇三―三二五五―九六一一

振替　〇〇一八〇―六―二四八六一

https://www.shunjusha.co.jp/

装　幀　美柑和俊

印刷所　信毎書籍印刷株式会社

製本所　ナショナル製本協同組合

定価はカバー等に表示してあります

ISBN 978-4-393-13432-0

平川　彰
スタディーズ　仏教
仏教的なものの見方「般若の智慧」をキーワードに、基本となる無常・空・無我・縁起の思想と、仏教を構成する仏法僧の三宝について詳述する入門書。

2000円

梶山雄一
スタディーズ　空
大乗仏教を代表する空の思想を、開祖のブッダから部派仏教、大成者の龍樹へという流れに沿いながら、縁起・輪廻との関係から、その関係性の論理を明らかにする。

2000円

高崎直道
スタディーズ　唯識
われわれの知っている世界はすべて情報にすぎない。仏教の教えの中で認識を徹底的に追究した唯識思想を、『中辺分別論』をテキストにして根底から説き明かす。

2000円

玉城康四郎
スタディーズ　華厳
『六十華厳』の中から、幾編かを精選し、広大無辺な仏の悟りの世界、そこへ至る菩薩の修行の道、華厳思想の特色、中国・日本における華厳宗の展開までをやさしく語る。

2000円

勝又俊教
スタディーズ　密教
インドに起こり、日本で発展した密教とはどのようなものか。密教のあらましを歴史・経典・真言等あらゆる方面から論じ、密教思想と空海の全面的把握を目指した書。

2000円

▼価格は税別